OUVRAGES DU MÊME AUTEUR.

Le Livre d'Amour. — *Victor Hugo et Sainte-Beuve,*
in-8º carré. Laon, 1895. A. Cortilliot, Imprimeur.

Tiré sur papier de Hollande à 100 exemplaires numérotés
(épuisé).

Et 25 non mis dans le commerce.

Laon-Guide, in-8º écu. Laon, 1896. Imprimerie du
Journal de l'Aisne, L. Destrés, Éditeur.

E. LEMAITRE

ARSÈNE HOUSSAYE

NOTES ET SOUVENIRS

BIBLIOGRAPHIE

Avec un portrait et un fac-simile d'autographe.

REIMS

F. MICHAUD, LIBRAIRE-ÉDITEUR

19, rue du Cadran St-Pierre, 19

1897

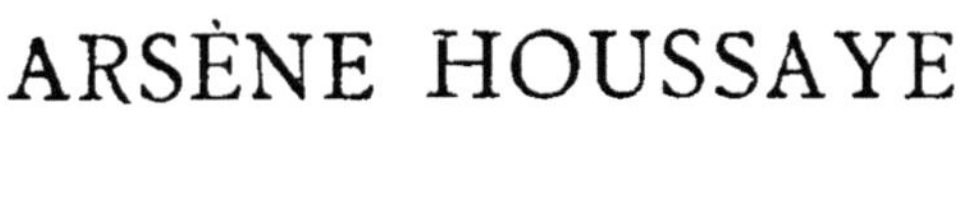

ARSÈNE HOUSSAYE

E. LEMAITRE

ARSÈNE HOUSSAYE

NOTES ET SOUVENIRS

BIBLIOGRAPHIE

Avec un portrait et un fac-simile d'autographe.

REIMS

F. MICHAUD, LIBRAIRE-ÉDITEUR

19, rue du Cadran St-Pierre, 19

1897

ARSÈNE HOUSSAYE

PRÉFACE

Dès 1890, ayant déjà en ma possession de nombreux et intéressants documents sur les œuvres d'Arsène Houssaye, et désireux de consacrer une étude à mon très distingué compatriote et ami, j'avais écrit à l'auteur du Roi Voltaire *pour lui demander quelques confidences, quelques détails intimes sur sa personne et son œuvre.*

Voici la réponse qu'il me fit, et que je prends comme préface à ce livre, non sans prier le lecteur de ne voir, dans les lignes

*qui me concernent personnellement, qu'une
preuve de la très grande indulgence du
Maître pour l'ami :*

Cher Monsieur et Ami,

Votre désir m'honore beaucoup ; je serais très
flatté d'un volume, ou même d'une plaquette, de
votre plume sur mes livres. Vous êtes à la fois un
critique et un bibliophile ; mais je crois que, dans
votre amour de la perfection, vous ne publierez votre
travail que longtemps après ma mort — ce qui serait
peut être un peu tard. Quoiqu'il advienne, votre
travail trouverait certainement place dans une Revue
comme curiosité romantique.

S'il en est temps encore, je vous enverrai quelques
pages volantes me peignant plus ou moins mal ou
plus ou moins bien. Mais le meilleur document c'est
votre esprit si sympathique et si pénétrant. Vous me
connaissez mieux que je ne me connais moi-même.
J'ai eu souvent tort dans mes livres, mais j'ai eu
raison de les écrire dans cette période radieuse où il
y a un peu de soleil pour tout le monde.

Croyez à mes meilleurs sentiments.

A. HOUSSAYE.

*Les « quelques pages volantes » si gracieu-
sement annoncées me sont venues sous forme
de correspondances incessamment échangées,*

et de longs entretiens entre celui qui fut un
écrivain fécond et un causeur charmant entre
tous. Les lecteurs qui voudront bien me
suivre les retrouveront au cours de récits
dans lesquels je me suis efforcé d'être, avant
tout, narrateur exact. Mon rôle, comme mon
ambition, se bornent ici à avoir relié entre
eux et pour ainsi dire recousu l'un à l'autre,
des documents épars, et à n'avoir pas donné
un cadre trop indigne à de délicieux tableaux
de maître.

E. L.

Madame,

Vous êtes bien curieuse,
Vous voulez savoir l'histoire de
ma vie. La voici en deux mots :
Je suis né en 1814 ou en 1815. Je serai
mort vers 1895

J'ai fait de ma vie un voyage
Lisez plutôt mon Voyage à ma
fenêtre

Peut-être ai-je aimé quelque
curieuse comme vous, jolie
comme vous, passion comme vous
Je ne m'en souviens pas, ou si je m'en
souviens trop

À vos pieds, Madame

Arsène Houssaye

NOTES ET SOUVENIRS

BIOGRAPHIE

I.

TOUCHATOUT, de son nom LÉON BIENVENU, journaliste à l'esprit inventif, l'amusant auteur de la tintamarresque *Histoire de France*, commence, dans un numéro du *Trombinoscope*, de septembre 1873, la biographie d'Arsène Houssaye, par les lignes suivantes :

HOUSSAYE (Arsène), littérateur français, né à Bruyères (Aisne), le 28 mars 1815. Ses parents étaient agriculteurs ; mais d'Hozier, qui trouverait des aïeux blasonnés à un orang-outang, a découvert que la famille d'Arsène Houssaye remontait aux comtes de Valbon-Montbérault, qui portaient de *gueules à 2 fasces d'or, avec 3 têtes de dragon d'argent languées d'or, rangées et posées entre les deux fasces.* Nous n'y voyons aucun inconvénient ; bien que, d'après les œuvres d'Ars. Houssaye, nous nous fussions fait une toute autre idée de son blason, que nous aimions à nous représenter ainsi : *Plume d'oie à barbes parfumées, sur champ de pommade à la rose, semé de pots de cold-cream.*

C'est méchant, et ce n'est pas exact.

L'*Armorial général* de d'Hozier, fût-ce *au Tome II, 2ᵉ partie, folio 1158,* comme dit *de Mirecourt* avec un certain aplomb, ne consacre aucun article à Houssaye, pas plus qu'aux comtes de Valbon-Montbérault. Cet ouvrage n'a, au tome II, que 876 pages, et c'est assurément un Armorial ayant pour auteur *Commerson* ou *Touchatout,* que le biographe *E. de Mirecourt* a feuilleté.

Dans un volume, petit in-18, publié par Dentu en 1882, intitulé *Récréations bibliographiques,* par Loudolphe de Virmond, on lit ceci :

HOUSSAYE (Arsène), poëte, biographe, romancier et critique d'art, auteur de la *Pécheresse,* des *Aventures galantes de Margot,* de *Philosophes et Comédiennes,* des *Courtisanes du monde,* des *Femmes du Diable,* de *Mademoiselle Phryné,* de *Mademoiselle Cléopatre,* etc., etc., né au xviiiᵉ siècle.

Il était médecin des hôpitaux d'Auxerre et a donné :

Observations historiques sur quelques écarts ou jeux de la nature, par E.-J.-P. HOUSSET, Neufchatel, 1785, in-8°.

Ces écarts et ces jeux de la nature le conduisirent à étudier ceux de la nature féminine, et il se fit romancier.

Pour expliquer cette fantaisie assez originale et piquante, comme rapprochement et déduction, il faut dire que l'auteur de cet ouvrage a eu l'idée de faire de longues recherches dans les vieilles bibliographies et les livres anciens, et qu'il est arrivé à rencontrer une prodigieuse quantité de noms d'écrivains et d'artistes anciens, portés par des écrivains et artistes contemporains, en un mot d'homonymes. Le nombre, écrit-il dans la préface de son livre, en est si grand, qu'on est amené à reconnaître cette loi :

Que tout nom qui entre dans la publicité y a déjà paru ou y reparaîtra.

Il en a été ainsi dans le passé et l'on en pourrait fournir de nombreux exemples.

Cette loi des homonymes les multipliant à chaque époque nouvelle, il arrivera un temps peu éloigné où il sera impossible à la meilleure mémoire d'éviter l'embrouillement des noms et des œuvres.

Cette confusion fournit, en effet, des rapprochements ingénieux, singuliers, bizarres, plaisants et inattendus.

J'ai trouvé cela amusant ; mais revenons à la vérité. La voici, et la gloire littéraire d'Arsène

Houssaye ne saurait en souffrir. D'abord cet écrivain n'est pas né en 1815, comme on l'indique généralement. Son acte de naissance, extrait des registres de l'Etat civil de la commune de Bruyères-et-Montbérault, est ainsi libellé :

L'An 1814, le 28 Mars à 9 h. du matin, acte de naissance de François Arsenne (sic) HOUSSET né ce jour 28 Mars à 7 heures du matin, fils de Jean François HOUSSET, meunier, demeurant à Bruyères et de Marie Elisabeth Sophie MAILFERT, son épouse ; premier témoin : François Nicolas MAILFERT, ayeul de l'enfant, âgé de 60 ans, demeurant à Bruyères ; 2ᵉ témoin : Jean Baptiste ROUSSELLE, instituteur en la dite commune, âgé de 37 ans — sur la déclaration à nous faite par le sus dit Jean François HOUSSET, lesquels ont signé avec nous après lecture faite.

Les choses sont au point maintenant. Larousse, Vapereau et Cⁱᵉ n'ont qu'à s'incliner, et, en face de ce document authentique, à reconnaître leur erreur.

Emile Bergerat, dans son spirituel article du *Journal*, du 3 mars 1896, intitulé : *La Physionomie des noms, ou la Leçon d'Arsène*, nous explique l' « *aie* » et même l' « *aye* » de HOUSSET. Il nous montre, non sans raison, que l'originalité, la sonorité, la typographie du nom est une grosse question, et que les carrières d'art ou de lettres en dépendent la plupart du temps. Nous ne le contredisons pas. Tout le monde ne s'appelle pas « *Aloysius* » comme l'auteur de *Gaspard de la nuit,* ou « *Joséphin* » comme l'illustre Sâr Péladan, et, avec *Arsène*, il fallait HOUSSAYE et non HOUSSET.

Pour être, à notre tour, sincère, disons tout de suite que Houssaye a eu ce léger travers de poursuivre sa généalogie, jusque dans le lointain du passé, le plus souvent à côté toutefois, et que, son imagination aidant, il a pu se figurer qu'au lieu de descendre tout simplement de la montagne de Montbérault, en bon enfant de meunier, il venait en ligne droite des Croisés ou des Valbon. Péché bien mignon pour un poète ! Ce qui me le fait croire, c'est le curieux autographe suivant qu'un heureux hasard a mis entre mes mains et que je transcris ici littéralement :

LA REVUE DE PARIS
L'ARTISTE
Rue Saint-Germain, 39
Direction.   Mon cher Monsieur,

Voici ce que j'ai trouvé :

D'abord, dans la lettre de M. de Magny : « Nous « possédons une pièce au sujet de Claude Housset « (Houssaye), secrétaire du Roi. — Une autre sur « Houssaye d'Albon. » (Valbon sans doute.)

Dans l'Almanach de la Cour de 1753, il y a un Housset, comte Montaut de Montbérault.

Dans nos papiers de famille, un Housset de Valbon a dépensé deux cent mille livres pour un procès contre l'évêque de Laon, à propos d'une église de St-Pierre en Valbon ou Vallebon.

Dans les vieux parchemins de la terre de Montbérault, cette propriété, assez considérable, prend le titre de Château ou Châtellenie, de Comté et Seigneurie.

Dans les archives de Bruyères, (petite ville du Laonnois) près Montbérault, il y a des Houssaye ou Housset, maires, conseillers, etc., etc., dès le xive siècle, ainsi que je vous l'ai montré dimanche dans un procès criminel, car cette petite ville avait droit de haute justice.

Ce qu'il y a de certain, c'est que de tous temps, aujourd'hui encore, les Houssaye (je suis de la branche aînée) ont été à la tête de Bruyères, de Vorges, de Valbon et de Montbérault.

La branche aînée a eu pour alliances les de Chamberlain, les Turquin de Montchâlons, les Maillefer (sic).

La plupart des autres branches, trop nombreuses, sont tombées en pure et simple bourgeoisie. Elles ont particulièrement perdu depuis la révolution.

Si vos très intelligentes recherches ne vous conduisent à aucune découverte, n'en parlons plus. Je vous ai expliqué pourquoi je tenais à avoir quelque chose de certain.

S'il ne se trouve rien, croyez bien, mon cher Monsieur, que je vous saurai gré de votre bonne volonté.

Mille compliments et témoignages de sympathie.

ARS. HOUSSAYE.

J'espère toujours revoir notre excellent Pétrus avant son départ.

J'ajoute un mot : Je suis propriétaire de la petite châtellenie de la Folie Riancourt, en Breuil-sous-Laon, qui fut habitée au XVIe et XVIIe siècles par les d'Y et les Lusignan, de qui je la tiens ; mais ceci ne me donne aucun droit, si ce n'est d'y planter des choux.

On le voit clairement entre ces lignes, dès 1840, le futur rédacteur en chef de l'*Artiste* courait après le blason qu'il n'avait pas encore découvert depuis 1814, et que les bonnes fées qui l'ont toujours entouré n'avaient pas déposé dans son berceau.

C'est, au fond, une très mince irrévérence envers le nom patronymique, et il ne faut pas en faire grief à l'auteur des *Confessions*, qui fut, du reste, le meilleur, le plus tendre et le plus affectueux des fils, et qui possédait au plus haut point le culte de la famille. Il n'a jamais caché non plus la

modeste origine de certains de ses aïeux et lui-
même a écrit :

J'aimais mieux l'intérieur plus reposé, plus simple,
presque pauvre de mon grand-père maternel qui
habitait au beau milieu de Bruyères. Mon grand-père
maternel était du peuple qui travaille, *qui laboure*,
comme dit l'Écriture, *son sillon d'angoisses*. Il avait
fait son tour de France, un livre et un ciseau sous le
bras ; il excellait aux boiseries à ornements des châteaux et des églises. Il n'aimait pas le confessionnal,
mais il en a sculpté plus d'un de formes sévères et
charmantes. Il arriva à 75 ans sans autre revenu que
celui d'une petite terre de sa femme, et le vin de
quelques arpents de vigne qu'il avait plantés lui-
même au mont de Parmaille.

Les destinées littéraires d'Ars. Houssaye sont,
en tous cas, redevables envers la Bibliothèque de
ce brave grand-père. Elle était, paraît-il, un
fouillis alléchant pour l'esprit d'Arsène. C'est
sur ses rayons que l'auteur du *Roi Voltaire* rencontra l'édition du célèbre écrivain, ornée d'une
lettre autographe de Condorcet, dont le père
Mailfert, était cousin, comme il eut aussi pour
ami Camille Desmoulins et le Cousin Jacques,
l'auteur des *Lunes*, de son nom Beffroy de
Reigny.

Houssaye avait également de bonne heure lié
connaissance avec Molière, et, quand il faisait

paraître chez Dentu, en 1880, son ouvrage sur :
Molière, sa Femme et sa Fille, en m'en adressant
un exemplaire, il m'écrivait :

Cher Monsieur,

Je suis très heureux d'inscrire votre nom parmi les
Moliéristes de bonne lignée. Puisque vous lirez mon
livre, je veux vous dire que j'y ai rêvé bien souvent
à notre châtellenie de Riancourt, au temps où je deve-
nais Directeur de la Comédie-Française. Mon grand
père Mailfert m'avait donné l'édition de la Grange
qu'il tenait des *Dames de France* (1). C'est là le vrai
point de départ. Vous vous êtes indigné comme moi
des illustrateurs modernes qui, par leurs images, ont
défiguré les types et les caractères de Molière. Mon
livre a, au moins, le mérite de la vérité,

Comme mon amitié pour votre père et pour vous.

ARS. HOUSSAYE.

La lettre que j'ai citée plus haut indique, en
effet, qu'Ars. Houssaye était propriétaire aux

(1) Le château de la Bove, commune de Bouconville
(Aisne), fut, pendant plusieurs années, la demeure des filles
de Louis XV, qu'on appelait les Dames de France. Ce
domaine est situé non loin de Montchâlons, derrière la
montagne de Bruyères, près de la ferme d'Hurtebise et
l'abbaye de Vauclerc. Il y a encore un chemin qui s'appelle
la *Route des Dames*, par lequel la division Meunier,
conduite par le maréchal Ney, est passée en 1814, lors de
la bataille de Craonne.

environs de Bruyères d'un joli pavillon de chasse
qui s'appelait et se nomme encore la *Folie en
Breuil* ou la *Folie Riancourt*. Henri IV y a-t-il
séjourné ? Toujours est-il qu'un œil-de-bœuf,
orné de délicieuses sculptures, porte la date de
1599, époque du règne de ce bon Roi, diable à
quatre. Le 15 octobre 1847, mon père achetait
ce domaine à Ars. Houssaye, qui habitait alors
Paris avec sa femme, Mademoiselle Stéphanie
Bourgeois, au numéro 90 de la rue de Lille ;
et ainsi se formèrent nos relations de voisinage
aux champs avec Ars. Houssaye, qui n'a jamais
cessé d'être pour les miens et pour moi d'une
exquise urbanité. Cette propriété avait appartenu
autrefois à Madame Louise-Charlotte d'Y, marquise de Champigneul, veuve de M. Armand-Louis
Rogres de Lusignan de Champigneul. Regrettant
toujours ce coin ombragé de la forêt de Lavergnies,
le poète et le romancier rêveur vint, en 1867,
bâtir à quelques mètres de son ancien pied-à-
terre, un petit castel dont il fût l'architecte et où
il donna, en septembre 1869, une fête à laquelle
assistèrent certaines illustrations parisiennes, mais
qui n'eut pas l'heur de plaire à un journaliste
laonnois de l'époque, lequel, à l'imitation
d'Henri Rochefort de Luçay, fit paraître un
opuscule devenu rarissime : La Lanterne laon-

NOISE, par *Un paysan de Bruyères*, où il éreinte
(le mot n'est pas trop fort) l'infortuné châte-
lain. C'est à propos de cette *kermesse* villageoise
qu'Ars. Houssaye écrivait, le 16 septembre 1869,
à Henri de Pène, la lettre suivante :

Mon cher ami,

Un diplomate a dit que la parole avait été donnée
à l'homme pour déguiser sa pensée ; moi je dis que
le journal a été donné à la nation pour déguiser la
vérité. Voilà pourquoi, de la chose du monde la plus
simple, on imagine la chose du monde la plus com-
pliquée.

J'ai bâti dans une prairie un petit pavillon de chasse
pour y passer trois jours par an ; les journaux ont
baptisé ma chaumière du nom de château, comme
on a baptisé mon petit hôtel de Paris du nom de
palais. Les Parisiens et les Champenois sont comme
les Vénitiens : la maison du Titien, qui n'est qu'une
baraque, est encore appelée aujourd'hui le palais du
Titien. Et leur escalier des géants ? On n'y passerait
pas quatre de front !

Or, à l'ouverture de la chasse, ceux de Bruyères,
qui prévoient de mauvaises vendanges, m'ont demandé une petite fête au vin de Champagne ; je leur
ai promis de rôtir une oie dans la prairie, de couronner une génisse, et de mettre une montre d'or à
une course aux cochons. Voilà que ceux de Vorges,
qui sont aussi mes camarades — sans personnalité
— m'ont demandé à être de la petite fête ; pareille-
ment ceux de Parfondru ; que dis-je, voilà qu'à Paris

même on me demande les heures de départ — je me trompe — les heures d'arrivée : il me faudra donc tuer un bœuf. On me dit que ce repas homérique ne sera pas digne de mes concitoyens ; eh bien, je donnerai aussi des cochons, des perdreaux, des moutons, des cailles, en un mot tout ce qui peut amuser la dent d'un galant homme.

J'avais peur qu'on s'ennuyât chez moi ; je me suis souvenu vaguement que j'avais dirigé le Théâtre-Français, et qu'il me fallait un peu de mise en scène : tu as lu mon programme. J'avais peur qu'on ne fût pas content ; j'ai imaginé une loterie. J'ai eu une vraie joie à acheter mille riens : quelques montres et quelques pipes, quelques robes et quelques poupées.

Des camarades m'écrivent pour savoir si la porte est toute grande ouverte. L'Évangile leur dit : « Frappez et l'on vous ouvrira » ; moi je leur réponds : « Ne frappez pas, la porte est ouverte à « deux battants. »

Voilà pourquoi je n'envoie pas de lettres d'invitation, puisque, au fond, il n'y aura qu'un seul invité : — moi. — Car, ce jour-là, chez moi, tout le monde sera chez soi.

Je te serre les deux mains.

ARSÈNE HOUSSAYE.

Château de Breuil, le 16 septembre 1869.

Il me souvient, soit dit en passant, que cette fête n'a certainement pas été une des mieux réussies parmi celles organisées par mon très aimable voisin de campagne.

Arsène Houssaye a-t-il quitté Montbérault, le
vieux moulin paternel (comme l'ont conté
Théodore de Banville, de Mirecourt, Charles
Robin et tant d'autres qui se sont réciproque-
ment et consciencieusement copiés), sans mot
dire, sans argent, à la suite d'un mauvais char-
à-bancs traîné par deux rossinantes, escorté d'une
troupe de comédiens de la campagne de toutes
les couleurs et de toutes les façons ? Voilà qui
me paraît être de la haute fantaisie. Un de ces
artistes ambulants serait venu boire à la fontaine,
près de laquelle le jeune déserteur attendait
patiemment les « Messageries », et jetait un dernier regard d'adieu aux ailes du moulin ; le
colloque suivant se serait alors engagé entr'eux :
« Puisque nous avons bu dans le même verre,
aurait dit Arsène, soyons amis. Un poëte et un
comédien peuvent parcourir le même chemin. » —
« Où allez-vous ? » — « Je ne sais pas. » —
« Puisque nous allons au même endroit, aurait
reprit Houssaye, nous pouvons faire la route
ensemble. »

Ce qu'il y a de certain, c'est que c'est en
1830 que le futur directeur de la Comédie-Française fit son premier voyage à Paris, et que c'est
en 1832 qu'il écrivait le *De Profundis* signé :
Alfred Mousse. J'en ai la preuve dans ce passage

extrait d'une lettre qu'il m'écrivait le 13 mars 1890 :

Le *De Profundis* a été écrit en 1832, mais on a été si lent à l'imprimer à Laon, qu'il n'a paru qu'à la fin de 1833, en portant la date de 1834. C'est en 1834 que j'ai écrit la *Couronne de Bluets* qui porte la date de 1835. Mon premier voyage à Paris est de 1830, mon second de 1831, mon troisième de 1832, enfin mon quatrième de 1834. Et je ne revins plus à Bruyères que çà et là pour huit jours.

. . . .

Si je n'ai pas répondu plus tôt à vos questions c'est que, depuis un mois, je suis cloué sur mon lit par une brisure du genou. On dit que le chien est l'ami de l'homme ! C'est un grand chien danois qui, courant comme moi en sens inverse, m'a jeté sur le pavé il y a trois ans ; la douleur est revenue .... Pour lui il ne m'a jamais donné de ses nouvelles.

A vous cordialement.

ARS. HOUSSAYE.

II.

Raconter la vie d'Arsène Houssaye n'est pas chose commode. Il a lui-même essayé d'en faire le récit ; a-t-il jamais bien su son existence par le menu ?

N'écrit-il pas dans ses *Voyages humoristiques :*

Je suis allé au bout du monde, visible et invisible ; j'ai fait le tour de la Vénus de Milo, tout l'art antique ; — j'ai adoré les figures de Léonard de Vinci, de Corrège, de Prud'hon, tout l'art moderne ; — j'ai parcouru les sphères radieuses de Platon, le monde ancien ; — j'ai monté jusqu'au Calvaire, le monde nouveau ; — je suis allé partout et plus loin ; j'ai même fait le tour de moi-même, mais je ne me connais pas.

Sa vie est celle d'un poète, d'un voyageur, d'un maçon, — il a tant fait construire, — d'un homme d'esprit, d'un homme qui écoute

plus souvent son cœur que sa raison, d'un délicieux conteur, d'un ami bienveillant, d'un
homme du XVIIIe siècle égaré dans le XIXe,
papillonnant à travers les mille et une nuits
parisiennes, qui n'ont pas eu de secrets pour lui.
Les *Grandes Dames*, les *Courtisanes du Monde*,
Mademoiselle Cléopatre n'ont pu lui rien cacher.
Lisez plutôt l'*Histoire de ma plume*, *meâ culpâ*
littéraire, qu'il fit paraître dans le *Livre*, livraison du 10 octobre 1882. Tout serait à reproduire de ces charmantes pages.

Edmond About, qui s'y connaissait, a dit, en
parlant du poète des *Sentiers perdus* : « Il y a en
lui dix hommes pour le moins, et, sur le nombre,
il n'en est pas un dont on ne désire être
l'ami. »

Arsène Houssaye a écrit quelque part :

Je suis de ton pays, ô Jean de La Fontaine !

Oui, et comme La Fontaine, il a son bouquet
de serpolet trempé dans le vin de Champagne ;
sa prairie est champenoise et sa vigne est française. Il a la grâce enchanteresse et la fine
simplicité du Bonhomme et, comme disait
Sainte-Beuve, « c'est le poète des roses et de la
jeunesse. » Il avait aussi l'insouciance de l'auteur des *Fables* et des *Contes*, et le lendemain ne

le préoccupait guère. On l'a vu habiter, dans la même saison, le merveilleux salon de Voltaire, et un balcon au 5ᵉ étage de la rue du Bac ; mais des deux côtés, il est vrai, on prenait le thé dans du vieux Sèvres. Ses réparties étaient, le plus souvent, spirituelles et gaies. Quelle est votre fortune, lui demandait-on un soir, dans une maison *dorée*, alors qu'il était devenu le *Roi de Beaujon* ?

J'ai des chevaux, des hôtels et des ennemis ; mes chevaux mangent mes hôtels, mes ennemis font vendre mes livres ; voilà ma fortune, avec l'*Histoire du 41ᵉ Fauteuil* qui m'a fermé les portes de l'Académie. Je suis, d'ailleurs, en très bonne amitié avec messieurs des Quarante, moins quelques uns que je ne connais pas. On m'a dit souvent : Pourquoi n'êtes-vous pas de l'Académie ? J'aime mieux cette question là que celle-ci : Pourquoi êtes-vous de l'Académie ? Je continue mon œuvre, sans souci des honneurs littéraires, trouvant bien plus simple de donner des fêtes où je reçois l'Académie chez moi, que d'être reçu par elle, quelle que soit mon estime pour ses doctes vertus.

Sa mémoire et son cœur étaient deux trésors où il avait su garder pieusement ses souvenirs. Il était bien intéressant à entendre, dans ce grand *Hall* du château de Parisis, au milieu de ses amis, en face de l'excellent Albéric Second, lorsqu'il parlait surtout du temps passé à la Comédie-Française ! Il en savait sur Musset, sur Rachel, Augustine Brohan qu'il avait si bien connues toutes deux ! Ses dons naturels, son art de plaire, donnaient à sa personne, à ses récits, à ses anecdotes où la malveillance ne trouvait jamais place, une grâce improvisée et facile. En résumé, on a pu dire avec juste raison, qu'on retrouvait en lui « quelque chose de la galanterie et de la finesse de Marivaux, de la monnaie de l'esprit du roi Voltaire, de la flamme légère de Parny et de la veine fertile de Diderot. »

En février 1831, un esprit enthousiaste, très épris du beau style et de la belle peinture, Achille Ricourt, qui fut plus tard Directeur de l'École Lyrique, fonda le journal l'ARTISTE, *Histoire de l'art contemporain*, paraissant le 1er et le 15 de chaque mois, par livraisons, grand in-4° de 48 colonnes, accompagnées de trois gravures sur acier. Un beau dimanche, jour tout resplendissant de soleil et de rosée matinale, fut lancé, à la grâce de Dieu, un premier numéro ayant pour frontispice une vignette de Tony Johannot, représentant les quatre arts réunis : un poète écrivant ses vers, un sculpteur ébauchant sa statue, un peintre cherchant le monde sur le chaos de sa palette, un musicien chantant l'amour. L'*Artiste* fût le temple où tous les talents naissants de 1830 arrivèrent en foule. En deviennent les fidèles : Delacroix, Corot, Diaz, Rousseau, qui gravent leurs tableaux et rédigent des articles. Alfred Johannot y écrit de belles pages sous ce titre : *Du point de vue dans la critique* ; Louis Boulanger, Edouard Bertin, Ziégler, y signent leur prose et leurs gravures. Un aussi brillant cortège est vite suivi et renforcé. Voilà bientôt Mérimée, Balzac, Castil-Blaze, Raymond Brucker, Lœve, Weimars, Vitet, Félix Pyat, Jules Janin, George Sand qui se groupent autour de l'intelligent fondateur de l'*Artiste*, pour lui composer une troupe digne de son directeur. Eugène Sue, Edgard Quinet, Léon Gozlan font là leurs premières armes, tandis que Châteaubriand écrit à Ricourt une curieuse et magnifique lettre sur les Tuileries, ce qui donna probablement, en 1873, à Arsène Houssaye, l'idée de consacrer quelques pages au même sujet, à quarante ans de distance, et Dieu sait après quels événements !

A tout le monde il paraîtra qu'une pareille Revue devait rencontrer le succès. Les Artistes font « grand », mais ne regardent pas souvent dans la caisse. Comment seraient-ils artistes, si l'argent, ce maître du monde selon l'expression

de La Fontaine, était un Dieu pour eux ?
Achille Ricourt luttait sans cesse à travers mille
dangers. Après maintes victoires il dût cependant déposer le sceptre, en léguant ses *Chagrins*
pour tout dividende à ses créanciers, et en leur
chantant gaiement le refrain : *Et vogue la galère
qui porte mes amours !*

Jules Janin arrive alors comme dictateur. Mais,
au bout de quelque temps, le journal se fait un
peu au hasard et sa rédaction n'est plus vivante
et colorée comme auparavant. On est en 1843,
l'*Artiste* est mis à l'encan. Un ami d'Arsène
Houssaye l'achète et lui en confie la direction.
Houssaye écrivait déjà à la *Revue de Paris*, qui
vint elle-même mourir dans les bras de l'*Artiste*
en 1845. Il dit dans l'*Histoire de ma plume* :

C'est pour mon malheur que quatre de mes amis
me condamnèrent à être rédacteur en chef du journal
l'*Artiste*, qui me prit beaucoup de temps et ne me
donna jamais un sou. L'esprit, le talent, le génie
doivent aboutir au néant. Les journaux littéraires ne
sont lus que par les littérateurs, lesquels ne s'abonnent
à aucun journal. Qui le croirait ? la *Revue de Paris*
et l'*Artiste* ont à peine dépassé mille abonnés dans
leurs beaux jours. C'est la politique qui a fait le
succès de la *Revue des Deux-Mondes*. En 1851, avec
toutes les cartes dans notre jeu, nous voulûmes,
Théophile Gautier, Maxime du Camp, Louis de Cor-

menin et moi, remettre au monde la *Revue de Paris*, tous les grands noms furent avec nous, il n'y a pas de volumes qui ne renferment une œuvre hors ligne, mais, quand nous fûmes à mille abonnés, il nous fallût faire une croix ; c'était déjà l'épithaphe. Maxime du Camp lutta héroïquement ; il s'aperçut plus tard qu'il était bien plus facile, quand on a du talent, d'entrer à l'Académie, que de créer une *Revue*.

Et cependant Arsène Houssaye arrivait à l'*Artiste* avec la pléiade d'autrefois, descendue de la rue du Doyenné, qui connut la charmante communauté de biens, c'est-à-dire de cœur et d'esprit de la joyeuse bohême, dont faisaient partie Célestin Nanteuil, Camille Rogier, Marilhat, qui s'amusait à peindre à fresque les vieilles boiseries de la maison destinée à disparaître un jour, pour faire place au nouveau Louvre.

> Oh ! le beau temps passé !... nous avions la science,
> La science de vivre avec insouciance ;
> La gaîté rayonnait en nos esprits moqueurs,
> Et l'amour écrivait des hymnes dans nos cœurs.

C'étaient Gérard de Nerval, Alphonse Esquiros, Théophile Gautier, Eugène Delacroix qui ramenaient la vie à l'*Artiste*, qui ne devait pas mourir.

Gérard de Nerval, qui avait partagé avec Camille Rogier un logement situé dans les combles du n° 5 de la rue des Beaux-Arts, menait, dès lors, l'existence noctambule et péripatéticienne qui le faisait comparer par Th. Gautier à l'hirondelle apode. Ce promeneur intrépide avait pourtant fini par se lasser des ascensions, et avait, un jour, proposé à Rogier de louer, dans l'impasse du Doyenné, un appartement composé, en tout, d'un immense salon, orné de trumeaux, et divisé par quelques cloisons. Camille Rogier accepta ; les cloisons furent abattues, et les deux amis se virent logés comme des artistes seuls pouvaient l'être. Gérard de Nerval, nous apprend M. Maurice Tourneux, dans l'*Age du romantisme*, de ses courses rapportait toujours quelque chose qui contribuait à l'embellissement du salon. C'est ainsi qu'un jour Camille vit arriver deux grands panneaux brossés par Fragonard : Le *Colin Maillard* et l'*Escarpolette*, que Gérard avait dénichés pour 50 francs. Ces panneaux furent même l'origine de la décoration du fameux salon et des fêtes qui s'y donnèrent. Chaque jour, vers cinq heures, Camille Rogier qui travaillait à ses charmantes illustrations des *Contes d'Hoffmann*, interrompait sa tâche. Quelques amis : J. Lorentz, Burat de Gurgy, Th. Gautier, Arsène Houssaye, Roger de Beauvoir, Ed. Ourliac, le *gracioso* de la

troupe, mort de mélancolie dans les pratiques
de la plus austère dévotion (1), etc..., se donnaient rendez-vous chez lui, et la causerie se
prolongeait souvent au delà des heures tolérées
par les règlements de police. Bientôt, on décida
qu'on offrirait un bal, non seulement aux amis
et amies, mais aux femmes du monde masquées
ou voilées qui voudraient bien prendre part à la
fête. Voilà peut-être, qui sait ? l'origine des
célèbres redoutes de l'avenue Friedland. Gautier avait horreur de l'habit noir, c'est lui qui
demandait que le bal fût paré et travesti. L'em-
barras n'était pas dans le recrutement des invités
des deux sexes, mais il fallait s'efforcer de
divertir leurs yeux et leurs oreilles. Le souvenir
d'un bal, auquel Alex. Dumas avait convié le
Tout Paris d'alors, ne fut pas étranger à la décision prise par le petit groupe de la rue du
Doyenné ; seulement, Dumas père avait eu à sa
disposition, comme décorateurs, Delacroix,
Louis et Clément Boulanger, Alfred et Tony
Johannot, Grandville, Jadin, Barye, Ciceri,
Ziègler et enfin Nanteuil, le seul artiste que les
relations personnelles de Rogier, de Gautier et

(1) Voir Th. Gautier. Histoire de l'art dramatique en
France depuis 25 ans. Tome V, p. 131.

de Gérard leurs permettaient de mettre en réquisition ; mais ils n'eurent pas de peine à racoler un certain nombre de débutants qui s'appelaient Théodore Rousseau, Corot, Ad. Leleux, Chasseriau, de Châtillon, Wattier et même Marilhat qui se contenta, il est vrai, d'esquisser à la craie, trois palmiers et le dôme d'une mosquée. Th. Rousseau, amené sans doute par Lorentz, car il vivait alors, comme toujours, dans une solitude quelque peu farouche, peignit deux paysages ; Corot, deux vues de Provence, en hauteur ; Leleux, des buveurs ; Chasseriau, des bacchantes tenant des tigres en laisse ; Châtillon, un moine rouge lisant la Bible ouverte sur la hanche d'une femme nue ; Wattier, un sujet galant ; Nanteuil, une naïade ; C. Rogier, la Cydalise, reine de ce petit monde, et véritable patronne de la *Bohême galante*, dont la mort devait laisser au cœur de Gautier un deuil inconsolable. Burat de Gurgy avait écrit le livret d'un ballet-pantomime, *le Diable boiteux*, joué, quelques mois plus tard, à l'Opéra, et où brillait la jeune Lorry, de l'Académie royale de musique. Une parade empruntée au théâtre des boulevards, le *Courrier de Milan*, dans laquelle Ourliac tenait, à la satisfaction unanime, l'emploi d'Arlequin, et une autre parade d'Ourliac lui-même, la *Jeunesse du Temps* et le *Temps de la Jeunesse*, terminait le spectacle. Gautier lisait dans la coulisse un prologue en vers, aujourd'hui perdu, tandis que Burat de Gurgy, travesti en magicien, bouche close et baguette en main, soulignait par ses gestes le sens des vers du poète invisible. Gérard a donné tous ces détails dans la *Bohême galante*, et le timbre d'une lettre d'invitation de Gautier à Alp. Esquiros a permis, au très chercheur et érudit vicomte de Spoelberch de Lovenjoul, de déterminer la date de cette solennité fameuse : *Samedi 28 novembre 1835*.

Cette représentation restée célèbre fut suivie de bien d'autres folles soirées ; mais elles eurent pour résultat final le congé, en bonne et due forme, octroyé aux turbulents locataires de l'impasse.

De la décoration unique du salon qui en fut le théâtre, il ne reste aujourd'hui que les panneaux de Fragonard, appartenant à M. Étienne Arago, et un *Berger* et une *Bergère* de Roqueplan, chez Arsène Houssaye ; le reste de ce que Gérard de Nerval avait arraché au badigeon du propriétaire, disparut peu à peu dans ses « malheurs », comme il le disait à Balzac.

C'était vraiment une radieuse époque, que celle où gravitaient dans l'espace romantique ces astres de diverses grandeurs ; elle était bien faite, pour enivrer toute cette jeunesse brillante et hardie, qui tendait ses bras vers de larges et clairs horizons, qui ne connaissait rien de tous ces troubles du dehors, de tous ces malaises intérieurs d'une Société aux prises avec une influenza morale, déterminant ces névroses indéfinissables qui aboutissent aux aberrations d'esprit des Paul Verlaine, des Stéphane Mallarmé, des H. de Régnier, lesquels, en vérité, ne savent plus ni ce qu'ils disent, ni ce qu'ils pensent, ni ce qu'ils écrivent, et finissent par parler une langue incompréhensible ne ressemblant guère à celle de Gautier, dont la plume était un merveilleux pinceau, dont l'imagination était une palette aux chatoyantes et orientales couleurs. M. Jules Lemaître, ce critique si judicieux de notre temps, ne s'exprime-t-il pas ainsi, à l'endroit de ces décadents mystificateurs dont je parle :

Eh bien, non, je n'y comprends rien et cela m'ennuie. Ce n'est pas ma faute, simple Tourangeau, fils d'une race sensée, modérée et railleuse, avec le pli de vingt années d'habitudes classiques et un incurable besoin de clarté dans le discours, je suis trop mal préparé pour entendre leur évangile. J'ai lu leurs vers, je n'y ai même pas vu ce que voyait le dindon de la fable enfantine, lequel, s'il ne distinguait pas très bien, voyait du moins quelque chose. Je n'ai pu prendre mon parti de ces séries de vocables qui, étant enchaînés suivant les lois d'une syntaxe, semblent avoir un sens et qui n'en ont point, et qui vous retiennent malicieusement l'esprit tendu dans le vide, comme un rébus fallacieux ou comme une charade dont le mot n'existerait pas.

Et quelle bonhomie chez tous ces artistes, chez ces littérateurs de 1830 ! Quel désintéressement dans leur cœur ! Quelle camaraderie ! Quelle générosité de sentiments ! Si le gousset de l'un s'emplissait heureusement, il était toujours prêt à se vider pour l'ami malheureux ; on ne savait pas ce que c'était que la jalousie, ni le *débinage*, si je puis employer ce terme, par ce temps de néologie transcendante.

Mais je ne voudrais pas quitter ce coin, où s'abritait, comme disait Alfred de Musset, toute « cette grande boutique..... romantique », sans citer les lignes que Théophile Gautier a consacrées, dans ses *Portraits contemporains*, à cette époque de la vie de bohême qu'il menait lui-même, avec ses incomparables amis :

J'avais, vers cette époque (1833), quitté le nid paternel et demeurais impasse du Doyenné, où logeaient aussi Camille Rogier, Gérard de Nerval et Houssaye, qui habitaient ensemble un vieil appartement, dont les fenêtres donnaient sur des terrains pleins de pierres taillées, d'orties et de vieux arbres. C'était la Thébaïde au milieu de Paris. Nous regardions, en ce temps là, les critiques comme des cuistres, des monstres, des eunuques, des champignons. Ayant vécu depuis avec eux, j'ai reconnu qu'ils n'étaient pas si noirs qu'ils en avaient l'air, étaient assez bons diables et ne manquaient pas de talent. C'est rue du Doyenné, dans ce salon où les rafraîchissements étaient remplacés par des fresques, que fut donné ce bal costumé, où je vis pour la première fois ce pauvre Roger de Beauvoir, qui mourut après de si longues souffrances, dans tout l'éclat de son succès, de sa jeunesse et de sa beauté. Il portait un magnifique costume vénitien à la Paul Véronèse ; grande robe de damas vert pomme, ramagé d'argent, toquet de velours nacarat et maillot rouge en soie, chaîne d'or au col ; il était superbe, éblouissant de verve et d'entrain, et ce n'était pas le vin de champagne qu'il avait bu chez nous qui lui donnait ce pétillement de bons mots.

Il faut véritablement croire que ces souvenirs de jeunesse ont un charme infini pour ceux qui les ressentent et que, gravés en relief dans les secrets replis du cœur, ils ne cherchent que l'occasion de faire à tout instant saillie. Théophile Gautier, en consacrant à Marilhat, ce peintre si lumineux de l'Orient, quelques pages si chaudes et si carminées de ses *Portraits contemporains*, revient encore avec bonheur, on le sent, sur

la description de ce quasi berceau de sa jeunesse
et sur cette fête nocturne de 1835. Au risque
de fatiguer le lecteur, je me laisse entraîner à
reproduire ici les lignes de ce maître, de cet
incomparable styliste :

Quelque temps après la révolution de Juillet, vers
1833, à peu près, une petite colonie d'artistes, un
campement de bohêmes pittoresques et littéraires
menait une existence de Robinson Crusoé, non dans
l'île de Juan-Fernandez, mais au beau milieu de
Paris, à la face de la monarchie constitutionnelle et
bourgeoise, à cet angle du Carrousel laissé en dehors
de la circulation, comme ces places stagnantes des
fleuves où ni courants ni remous ne se font sentir.
C'est un endroit singulier que celui-là : à deux pas
du roulement tumultueux des voitures, vous tombez
tout à coup dans une oasis de solitude et de silence.
La rue du Doyenné se croise avec l'impasse du même
nom, et s'enfonce au dessous du niveau général de la
place par une pente assez rapide ; l'impasse se termine par une espèce de terrain fermé, assez peu
exactement, d'une clôture de planches à bateaux noir-
cies par le temps. Les ruines d'une église, dont il
reste une voûte en cul de four, deux ou trois piliers
et un bout d'arcade, contribuent à rendre ce lieu sau-
vage et sinistre. Au delà s'étendent, jusqu'à la rue des
Orties, des terrains vagues parsemés de blocs de
pierre destinés à l'achèvement du Louvre, entre
lesquels poussent la folle avoine, la bardane et les
chardons.

Les maisons qui bordent ces deux rues sont vieilles, rechignées et sombres ; elles frappent par un air d'incurie et d'abandon. On ne les répare pas, les ordonnances de voirie le défendent, car elles doivent disparaître, dans un temps donné, lorsque les travaux du Louvre seront repris. On dirait que ces pauvres logis ont la conscience de l'arrêt qui pèse sur eux, tant leur physionomie est morose. A la crainte de l'avenir peut se mêler le regret du passé, car c'étaient, pour la plupart, de respectables demeures honorablement hantées par des gens d'église et de robe.

J'habitais deux petites chambres, dans la maison qui fait face à l'arcade qui mène au pont suspendu. Rogier, Gérard et Houssaye occupaient ensemble, dans l'impasse, un appartement remarquable par un vaste salon aux boiseries tarabiscotées, aux glaces à trumeaux, au plafond décoré de moulures délicates et capricieuses ; ce salon chagrinait beaucoup le propriétaire et avait longtemps empêché le logis de se louer, car, en ce temps là, le goût que nous appelons bric à brac, faute de meilleur nom, n'était pas inventé encore.

Cette pièce garnie de quelques meubles anciens brocantés à vil prix, rue de Lappe, aux auvergnats de la bande noire, avait quelque chose d'étrange et de fantastique qui nous plaisait, et souvent le regret de ne recevoir personne dans une si belle pièce nous préoccupait douloureusement ; mais pour rien au monde nous n'y eussions admis des bourgeois en chapeau rond et en habit à queue de morue, à moins que ce n'eût été un éditeur venant nous proposer dix mille francs pour un volume de vers, ou un anglais curieux de se composer une galerie de tableaux inédits.

Gérard trouva un moyen de tout concilier. C'était de donner dans ce salon Pompadour un bal costumé ; de cette façon les personnages ne jureraient pas avec l'architecture. Cette opinion paradoxale nous surprit un peu, car nos finances étaient dans l'état le plus mélancolique ; mais, poursuivit Gérard, les gens qui manquent de nécessaire doivent avoir le superflu, sans quoi ils ne possèderaient rien du tout, ce qui serait trop peu, même pour des poètes.

Les femmes, de leur côté, n'étaient pas bien riches pour s'offrir des costumes resplendissants ; mais l'enthousiasme des bohêmes était tel qu'ils pouvaient leur dire, comme Théod. de Banville :

> Pour orner les fouillis charmants
> De vos tresses aventureuses,
> Dites, les pâles amoureuses,
> Faut-il des lys de diamants ?
> Si nous manquons de pierreries
> Pour parer de flammes fleuries
> Ces flots couleur d'or et de miel,
> Nous irons, voyageurs étranges,
> Jusque sous les talons des anges
> Décrocher les astres du ciel !

> Avec nous l'on chante et l'on aime,
> Nous sommes frères des oiseaux.
> Croissez, grands lys, chantez ruisseaux,
> Et vive la Sainte Bohême !

Quant aux rafraîchissements, ils seront remplacés par des peintures murales qu'on demandera aux artistes amis ; cette magnificence vaudra bien, à coup sûr, quelques méchants verres d'eau chaude mêlée de thé ou de rhum : faire peindre un salon exprès pour une fête, c'est une galanterie digne de princes italiens ou de fermiers généraux et qui nous couvrira de gloire.

Il n'y avait pas d'objections à faire à des raisonnements si logiques ; les camarades furent convoqués ; on dressa des échelles, et chacun se percha le moins incommodément possible pour esquisser le panneau qui lui était destiné dans la distribution du travail. Aucun des noms qui concoururent à cette décoration improvisée, n'est resté dans l'ombre qui les couvrait alors et, dans ces ébauches rapides, l'on pouvait déjà pressentir le talent et le caractère futur de chacun.

Un jeune homme aux yeux noirs, aux cheveux ras, au teint cuivré, peignit sur une imposte des ivrognes couronnés de lierre dans le goût de Vélasquez, et un autre jeune homme à l'œil bleu, aux longs cheveux d'or, exécuta une naïade romantique ; l'un était Adolphe Leleux, le peintre des Bretons et des Aragonais ; l'autre Célestin Nanteuil, l'auteur du *Rayon*. Sur deux panneaux étroits, Corot logea en hauteur deux vues d'Italie, d'une originalité et d'un style admirables. Théodore Chasseriau, alors tout enfant, et l'un des plus fervents élèves d'Ingres, paya sa contribution pittoresque par une Diane au bain, où l'on remarquait déjà cette sauvagerie indienne mêlée au plus pur goût grec, d'où résulte la beauté bizarre des œuvres qu'il a faites depuis.

D'autres panneaux furent remplis de fantaisies orientales et hoffmannesques par Camille Rogier qui, plus tard, réalisa ses rêves par un séjour de huit ans à Constantinople. Alcide Lorentz fit aussi quelques Turcs de carnaval et des masques, à la manière de Callot. Pour moi, je peignis dans un dessus de glace un déjeuner sur l'herbe, imitation d'un Watteau ou d'un Lancret quelconque, car, en ce temps là, j'hésitais entre le pinceau et la plume. Gérard ne fit rien, mais il me donna le conseil de nous couronner de fleurs, suivant l'usage antique.

Comme nous étions juchés sur nos échelles, la cigarette aux lèvres, la palette au pouce, chantonnant des ballades d'Alfred de Musset, ou déclamant des vers d'Hugo, il entra un jeune homme amené par un camarade, pour prendre sa part de nos travaux et qui fit sur moi la plus vive impression.

Il avait une de ces figures qu'on n'oublie pas. Son teint naturel disparaissait sous une accumulation de couches de hâles et ressemblait à du cuir de Cordoue, quoique, aux pommettes, on pût distinguer, à travers le jaune, des traces de couleurs assez vives ; une fine moustache ombrageait sa lèvre supérieure, et son nez mince, un peu courbé en oiseau de proie, s'unissait à des sourcils noirs extrêmement marqués. Les yeux agrandis par la maigreur avaient une limpidité, un éclat et une expression extraordinaires ; ils semblaient avoir gardé le reflet d'un ciel plus lumineux et la flamme d'un soleil plus ardent ; le ton bistré de la peau en faisait encore ressortir l'émail étincelant ; ces yeux étaient le résultat d'un voyage en Orient ;

car l'Orient, nous en avons fait la remarque depuis, lorsqu'il ne vous aveugle pas, vous donne des regards aveuglants.

Le nouveau venu promena sur tout ses prunelles d'épervier, prit un morceau de crayon blanc et traça, sur un coin resté vide, trois palmiers s'épanouissant au dessus du dôme d'une mosquée ; puis quelque affaire l'appelant ailleurs, il s'en alla et ne revint plus.

Ce jeune homme, à physionomie d'Icoglan ou de Zébek, comme nous le sûmes plus tard, était Prosper Marilhat, qui revenait d'Egypte.

Après cette parenthèse, que l'on me pardonnera d'avoir ouverte si grande, je reviens au journal l'*Artiste*. Avec de tels collaborateurs, s'ouvrit pour lui une ère nouvelle. On proclama le beau, on idéalisa l'art, en divinisant Léonard de Vinci, Michel-Ange, Titien et Rubens, Rembrandt et Prudhon ; et Watteau embarquait tout le monde pour Cythère. Henri Mürger, Champfleury, Monselet, Beaudelaire ; à côté d'eux, Gérôme, Vidal, Couture, Clésinger, Hédouin : telle était la composition de l'orchestre littéraire et artistique que Houssaye maintenait, peut-être difficilement, dans la mesure, mais qu'il dirigeait avec une *maestria* à laquelle il faut rendre hommage. Decamps, Gavarni, les Johannot venaient renforcer les premières parties. Comme on le voit, les pupitres étaient bien occupés.

C'est à cet âge de l'époque romantique que les auteurs avaient voulu inaugurer une nouvelle manière : l'*Epigraphie*. La *Notre-Dame de Paris* se présentait, en effet, avec l'inscription que Victor Hugo disait avoir découverte, gravée à la pointe, sur le mur, dans un coin obscur d'une des tours du vieil édifice : ΑΝΑΓΚΗ. *C'est sur ce mot qu'on a fait ce livre*, écrivait le poète. Les épigraphes romantiques furent bien vite, ou l'indication de la science d'un écrivain, ou le reflet de son tempérament. Alphonse Royer, Regnier-Destourbet, Stendhal empruntent des épigraphes à Alexandre Dumas (Gaule et France), à Wordsworth, le célèbre lakiste anglais, à Danton lui-même. Me pardonnera-t-on de rapporter ici une très jolie histoire que j'emprunte aux *Vignettes romantiques* de Champfleury ?

Dans la bande des *Lions*, gens d'esprit du temps, il faut citer, en première ligne, Roger de Beauvoir. On lui doit une épigraphe d'un tour imprévu. En tête d'un chapitre de *Il Pulcinella, ou l'homme des Madones*, se lit :

Feu DUPONCHEL

(*Histoire Contemporaine*).

Ces deux mots, que le gros du public ne comprit sans doute pas, portaient en pleine poitrine d'un des directeurs de l'Opéra. S'entendre appeler par ses amis *feu* Duponchel est déjà désagréable ; mais lire imprimée cette désignation d'outre-tombe dut faire repentir un personnage, qui tenait vraisemblablement à ses jours, d'avoir excité la rancune d'un homme aussi répandu que Roger de Beauvoir.

Le directeur de l'Opéra, qui parait avoir été assez mal vu des habitués de la Loge infernale, trouva un jour la rue dans laquelle il demeurait, obstruée par cinquante voitures de deuil ; à sa porte attendait un corbillart empanaché, dont les porteurs réclamaient le « chargement », soit la bière contenant le corps de Duponchel.

Dans une des voitures, Emile Cabanon, Roger de Beauvoir étaient censés représenter les proches parents du défunt. Le *Tout Paris* d'alors s'amusa de cette invention, dont Roger de Beauvoir a consacré le souvenir dans l'épigraphe ci-dessus.

Un autre système d'épigraphie fut employé par Alfred Mousse, auteur du roman *De Profundis* (Arsène Houssaye). Sous un titre funèbre, l'écrivain Mousse cachait une certaine fantaisie ; en ce sens, le chapitre intitulé *Camille* ouvrait aux romanciers une voie qui ne fut pas suivie. Pour peindre son héroïne, voici le procédé qu'emploie l'auteur :

> Son existence avait coulé calme et limpide.
>
> (Alphonse KARR).

> Elle est fraîche, elle est rose, elle a de grands yeux, elle est belle.
>
> (Victor HUGO).

Sus ojos eran de azul obscuro (Plus limpide que ce flot pur).

(Alphonse DE LAMARTINE).

En la voyant si innocente et si pure, quel est, je ne dirai pas l'homme, mais le démon même qui tenterait de la souiller ?

(Alexandre DUMAS).

His eyes very blue (Cette rose au matin sourit comme sa bouche.

(André CHÉNIER).

Un long chapelet d'épigraphes se déroule ainsi, pendant quatre pages, sans laisser traces de la figure de Camille. Cette malice, à propos du système épigraphique, devait en hâter la fin.

Ce fut alors que le fossoyeur du *De Profundis* se dépouillant du pseudonyme d'Alfred Mousse, entra blond, élégant, dans le monde des lettres,

Et le pâtre, sur son tombeau,
Lira pour épitaphe :
Il mit à mort l'épigraphe.

L'*Artiste*, qui venait de traverser la période pleine de succès et remplie d'enthousiasme que j'ai indiquée plus haut, dans sa dix-neuvième année, passa, des mains d'Ars. Houssaye, qui devenait Directeur de la Comédie-Française, en celles de son frère Edouard (ou plus exactement

Aristide) Housset, et de Xavier Aubryet (1) avec Théophile Gautier pour rédacteur en chef. Gustave Flaubert, Edmond et Jules de Goncourt, Charles Blanc, Ernest Feydeau apparaissent comme collaborateurs, et cette époque voit naître des travaux littéraires fort remarquables, et des gravures hors de pair figurent dans les volumes de ces brillantes années.

A de longs intervalles, Ars. Houssaye se rappelait avec bonheur ce temps de sa jeunesse ; la lettre suivante qu'il écrivait le 8 août 1883 à quelqu'interviewer, en témoigne suffisamment :

Monsieur,

Votre souvenir ne vous trompe pas. A l'imprimerie Lacrampe, qui était l'imprimerie à la mode en ce temps là, nous montions gaiement, Jules Janin, Théodore Burette (quoiqu'attaché au rivage par sa dignité de professeur d'histoire), Chaudesaigues, Léon Gozlan, Thoré, moi et quelques autres encore, à ce grenier qui était tout un Parnasse. Janin, alors rédacteur en chef de l'*Artiste*, nous payait à boire et à

(1) Xavier Aubryet, littérateur, né à Pierry, près Epernay, en 1823, fut élevé à St-Quentin (Aisne). Il est l'auteur de plusieurs ouvrages estimés, entr'autres *Philosophie mondaine*, 1875, in-18. Ce dernier ouvrage, un des meilleurs, contient des études très fines et d'heureuses trouvailles de mots.

fumer. Je crois même qu'il payait des filles à Chaudesaigues.

Balzac y vint un jour proposer de faire produire par l'*Artiste*, cent mille francs de rente, à condition que les gens de lettres y feraient de leur plume un burin. « Si je gravais, dit-il, un tableau de Delacroix, ce qui est bien plus facile que d'écrire un conte drôlatique, on vendrait ma gravure à cent mille exemplaires. »

Et autres folies inspirées à Balzac par la folie de l'or.

Agréez, Monsieur, mes meilleurs sentiments.

Ars. Houssaye.

Mais, suivons Ars. Houssaye, autant que faire se peut, car il faut avouer que notre héros est parfois bien difficile à saisir, au milieu des multiples soubresauts de sa vie si mouvementée, si remplie de « virages », comme diraient les gentlemen cyclistes de notre temps.

La plume de l'auteur d'*une Pécheresse* était, on peut le dire, infatigable ; n'a-t-elle pas conservé d'ailleurs sa légèreté et sa souplesse jusqu'à la fin ? Le *Constitutionnel* recevait des articles d'Houssaye, en même temps que l'*Artiste*, et la librairie lançait au public : *Mademoiselle de Vandeuil, Milla, Marie, Mademoiselle de Kérouart*, 4 volumes, in-8, la *Vertu de Rosine* (1844), *Romans, Contes* et *Voyages*, les *Trois Sœurs*, 2 autres volumes in-8.

Disons toutefois, en passant, que ces œuvres firent boire d'affreux bouillons aux éditeurs, entr'autres à Desessart. Par contre, ses *Essais* dans la critique d'art furent heureux. La *Revue du Salon* de *1844*, reçut bon accueil, et enfin sa *Galerie de Portraits du XVIIIe siècle*, le classa parmi les fantaisistes les plus accrédités.

Les premiers portraits du xviiie siècle parurent dans la *Revue de Paris*, l'*Artiste*, et la *Revue des Deux-Mondes*. Théodore de Banville a dit à ce propos : « Si le dix-huitième siècle n'existait « pas, M. Arsène Houssaye l'eût inventé. » Théophile Gautier qui s'y connaît, en parlant des *Portraits du XVIIIe siècle*, a écrit que « c'étaient autant de petits chefs-d'œuvre qui resteraient ». — « Personne n'ignore, c'est M. A. Esquiros qui parle, avec quel goût charmant Ars. Houssaye alla cueillir les pâles violettes du souvenir, dans les champs oubliés de l'histoire et de l'imagination. Les jolis portraits ! J'allais dire les jolies figures, car le peintre a su redonner aux têtes, tout à la fois folles et pensives du dernier siècle, les couleurs dans la vie. M. Arsène Houssaye a montré, dans ses tableaux sur le xviiie siècle, qu'il avait la main assez ferme et l'esprit assez profond pour toucher à tous les sujets. La raison n'en est pas moins la raison, quoiqu'elle se couronne çà et là de fleurs des bois, et qu'elle dédaigne d'un pied moqueur les routes ennuyeuses. »

En 1846, Ars. Houssaye, fait paraître chez Hetzel, un splendide in-folio, orné de cent gravures, ayant pour titre : *Histoire de la Peinture Flamande et Hollandaise.* Cette publication qui eut tout de suite un grand succès auprès des amateurs, avait obtenu du Ministre de l'Instruction publique une souscription des plus considérables, 3250 francs, et fait donner à son auteur, la croix de la Légion d'honneur. S'il faut en croire une brochure dont je vais parler, la liste civile et le Ministre de l'Intérieur, M. le comte Duchatel, avaient souscrit cent exemplaires grand aigle, pour cinquante mille francs (1).

----

(1) Ceci est une erreur. Je possède la pièce officielle concernant cette affaire. La voici :

RÉPUBLIQUE FRANÇAISE. — MINISTÈRE DE L'INTÉRIEUR.

Le Ministre de l'Intérieur arrête :

Il sera acheté, pour le ministère de l'intérieur, soixante exemplaires des livraisons 55 à 90 de l'ouvrage de M. Arsène Houssaye, ayant pour titre *Histoire de la peinture flamande et hollandaise,* ensemble deux mille cent soixante livraisons *in-folio,* avec figures, au prix de un franc cinquante centimes la livraison.

La somme de trois mille deux cent quarante francs mon-

Dès son apparition, les éloges les plus flatteurs
en furent faits.

Avec ce livre, a dit Félix Pyat, vous pouvez vous
promener désormais dans cette galerie du Louvre si
touffue, qui s'appelle l'École flamande et hollandaise ;
vous ne vous y perdrez plus. L'historien vous montre
et vous explique tous ces noms, tous ces sphinx ; il
vous peint tous ces artistes d'après nature et dans
leur propre style, avec les proportions voulues par
l'importance de chacun, faisant un portrait ici, là une
esquisse ; naïf, austère et fervent comme Van Eyck,
Hemling et Lucas de Leyde, écarlate comme Rubens,
cavalier comme Van Dick, philosophe comme Rembrandt, rêveur comme Ruysdaël, positif comme
Téniers, scrupuleux et suave comme Terburg et
Metzu, gracieux et fleuri comme Van Huysum, et
toujours fidèle, toujours exact, toujours vrai, ayant
réuni le dessin et la couleur, l'idée et l'expression ;
aussi poète en racontant les amours de Rubens et de

tant de cette acquisition sera imputée sur le crédit des
encouragements et souscriptions, exercice de 1849.

Paris, le 25 septembre 1849.

J. DUFAURE.

La signature de M. Dufaure n'étonnera ici personne. On
se rappelle, en effet, que pour s'allier l'élément conserva-
teur libéral que représentait M. Dufaure, le prince Napoléon appela celui-ci au ministère de l'intérieur, dans le
cabinet du 2 juin 1849, en remplacement de M. Léon
Faucher qui se retirait devant un vote de la Chambre.

Téniers que penseur en expliquant le naturalisme des peintres flamants et hollandais.

On m'en aurait vraiment voulu de ne pas citer ces quelques lignes qui, selon moi, résument si bien, si justement, les divers styles, et apprécient, comme un maître peut le faire, les talents si variés de ces peintres flamants et hollandais, dont le coloris si merveilleux et la palette tantôt sombre, tantôt lumineuse, conservent une originalité et une marque d'école bien nette et bien tranchée.

Mais cet ouvrage donna malheureusement lieu à une vive et âcre polémique qui suscita de réels et sérieux ennuis à Houssaye.

Un homme de lettres, né en 1813, d'origine hollandaise, avait publié, à Bruxelles, en 1845, lui aussi, une *Histoire de la peinture flamande et hollandaise*. Il accusa publiquement Arsène Houssaye d'avoir pillé et plagié son ouvrage.

Dans son numéro du 8 août 1847, le *Charivari* contenait la réclamation suivante :

A Monsieur le rédacteur du *Charivari*,

Monsieur, dans votre numéro du 30 juillet dernier, vous dites que l'histoire de la peinture flamande et hollandaise était un ouvrage à faire et que M. Houssaye vient de combler cette lacune. Vous avez pu être induit en erreur à cet égard, mais vous avez trop de loyauté pour ne pas me permettre de répondre. Lorsque le livre de M. Houssaye parut à la fin de décembre 1846, j'avais déjà publié trois volumes sur cette matière. L'auteur des *Onze maîtresses délaissées* le savait si bien, qu'il s'est emparé non seulement de mon titre, mais d'une partie de mes idées, du résultat de mes recherches, de faits que j'avais découverts, et a même copié textuellement plusieurs passages. Voilà ce que je le défie de nier ; s'il l'essaie, je mettrai sous les yeux du public toutes les preuves de ce que j'avance.

Agréez, je vous prie, le témoignage de ma parfaite considération.

Alfred MICHIELS.

Peu de temps après, sous le pseudonyme de *Jules Perrier*, parût une brochure intitulée : *Un Entrepreneur de littérature*, où l'auteur rassemble ses griefs et condense les preuves plus ou moins fondées du plagiat (1).

Après avoir signalé un bon nombre de « bévues et de contre sens » de M. A. Houssaye, il démontre que le volume publié par lui ne renferme rien de neuf ; que les planches sont celles de la *Galerie des peintres flamands, hollandais et allemands*, de Lebrun, commencée en

(1) Voici la description de cette brochure : *Un Entrepreneur de littérature*, par Jules Perrier, in-8º de 44 pages. Prix : 50 centimes. Paris, chez tous les marchands de nouveautés, 1847, imprimerie E. Depée, Sceaux.

1777 et terminée en 1796, collection de 212 planches, et dont les beaux exemplaires, c'est-à-dire de bonnes épreuves, s'achètent à l'heure qu'il est cent francs.

Celles du volume de M. Houssaye ont été faites avec des planches usées, hors de service ; cent d'entre ces planches ont été retouchées, tant bien que mal ; elles ont fourni des épreuves grossières très inférieures à celles de Lebrun. Quant au texte, il est emprunté partie à la *Vie des peintres flamands, allemands et hollandais,* de Decamps, 4 vol. in-8°, et partie aux trois premiers volumes de l'ouvrage que M. Michiels a publié auparavant, sous le même titre que celui de M. Houssaye.

Houssaye, dit G. d'Heilly, dans son Dictionnaire des pseudonymes (et c'est une erreur on le verra plus tard), répondit à cette attaque par un écrit : *Un Martyr littéraire, touchantes révélations,* Paris, typographie d'A. René, 1847, in-8° de 16 pages, où il se justifiait tant bien que mal, il faut l'avouer, et sur un ton moitié siérieux, moitié plaisant. M. Michiels répliqua par une deuxième plaquette signée du même pseudonyme : *Les nouvelles fourberies de Scapin* (1847), in-12 de 36 pages en caractères compacts. Tout cela fit grand bruit en son temps, mais ne nuisit en rien aux deux auteurs. Cette polémique, au contraire, activa la vente réciproque des ouvrages, ce qui arrive presque toujours en pareil cas.

Dans l'*Histoire de ma plume*, Houssaye a raconté cette mésaventure. Je ne puis mieux faire que d'en mettre le passage assez curieux, sous les yeux du lecteur.

Sartorius (l'éditeur bien connu de l'époque romantique) avait acheté les cuivres de la galerie Lebrun. Il me demanda, à prix d'or, une « Histoire de la peinture flamande et hollandaise » pour accompagner ses gravures et eaux-fortes. J'avais voyagé dans les Flandres et dans les Pays-Bas (1) une fois avec l'éditeur

(1) Je possède un amusant autographe de « Houssaye », qui me paraît trouver ici sa place :

« Cher Ami,

Tout en courant la Hollande, je n'oublie pas les deux jours charmants que j'ai passés avec vous sur mer et sur terre. Ce n'est pas ici, comme chez vous, le pays du Sybaritisme. Nous mangeons si mal que nous ne mangeons plus. Les hollandais sont les gens les plus sales du monde. Ils lavent le dehors, mais jamais ce qui ne se voit point, ni la cuisine ni la chambre à coucher, ni ceci ni cela. Il n'y avait ici qu'un bain public, il vient de fermer, sans compter qu'il n'y a pas d'eau dans cette cuvette de vaches. Plaignez-moi de n'être pas resté près de vous, et si vous voyez le soleil, faites lui bien mes compliments, car ici nous ne nous voyons plus. Je vous serre cordialement la main.

ARS. HOUSSAYE.

Werdet, un gai compagnon, une autre fois avec
Gérard de Nerval, un fou, qui renfermait tous les
Sages de la Grèce. Je connaissais donc le pays des
peintres qu'il me fallait portraicturer. Ce que je fis
trop rapidement, car un tel livre demanderait un
quart de siècle de travail ; mon volume in-folio,
réédité bientôt en deux volumes in-8° (Paris, Sartorius, 1848), eut pourtant un succès de critique comme
un succès de vente ; je n'ai pas oublié de très élo-
quentes pages de Van Hasselt, Félix Pyat, Théophile
Thoré ; je ne parle pas de Théophile Gautier qui
était trop mon ami pour en dire du mal. L'édition
in-folio se vendit d'un coup, l'édition in-8° la suivit
de près (Paris, Sartorius, 1847, 2 vol. in-8° avec
2 portraits).

Sartorius, tout en me payant d'abord l'encre et les
plumes, m'avait promis moitié dans les bénéfices au
lieu de me donner les dix mille francs que je lui
demandais ; il se trouva rudement attrapé. L'édition
in-folio se vendait *trois cents francs*, il y eut même
cent exemplaires à *cinq cents francs*. Ce n'est pas
tout, on acheta des droits de traduction pour publier
les planches à Liepzig et à La Haye ; ce fut presque
une fortune ; j'avoue que j'aurais mieux aimé que
tout cet argent me vint pour un autre livre, par
exemple pour mes *Portraits du XVIII* siècle*. Naturellement, on ne laissa point passer une pareille bonne
fortune, sans vouloir m'en punir.

Un autre historien de la peinture flamande et
hollandaise m'accusa de lui avoir pris son titre et
son *style*. Son titre, c'est vrai ; mais ses phrases point

du tout, car je ne l'avais pas lu. Un titre historique appartient à tout le monde, comme tout ce qui a été écrit jusqu'au jour où on prend la plume pour écrire encore ; je n'en fus pas moins violemment attaqué, en fort bonne compagnie, d'ailleurs, puisque les rédacteurs de la *Revue des Deux-Mondes* recevaient tous le même coup de bâton. Gérard de Nerval, plus royaliste que le roi, riposta par une petite brochure intitulée : *Un Martyr littéraire,* où il se contentait d'ailleurs de transcrire toutes les opinions de mon critique et toutes les opinions de ceux qu'il critiquait. C'était pourtant un homme d'étude et de littérature qui, au fond, n'avait qu'un ennemi, lui-même, par son caractère ombrageux. Je ne devins pas son second ennemi, au contraire. Un ministre, M. Jules Simon m'ayant consulté sur l'apôtre, je lui répondis que je n'avais qu'à m'en louer. Je reconnais bien volontiers que son histoire, que je n'ai pas lue, vaut mieux que la mienne.

Comme on le voit, d'après la déclaration même d'Ars. Houssaye la publication du *Martyr littéraire* vient de Gérard de Nerval et non de Houssaye lui-même, à qui d'Heilly l'attribue par erreur.

III.

La Poésie avait été la première inspiratrice
d'Arsène Houssaye. Dès sa jeunesse, il avait dit
à son père : « Vous avez là, tout près de la
ferme, un vieux moulin, pittoresquement juché
sur la montagne de Bruyères :

Bruyères, doux pays de mes bruyères roses
Où ma joyeuse enfance a couru les buissons,
Où s'empourpre la vigne, où fleurissent les roses,
Mes chantantes forêts et mes bleus horizons.

« C'est une délicieuse retraite pour un rêveur
comme moi. Rembrandt a conduit le moulin de
son père. Van Dyck a conduit le moulin de sa
maîtresse — (Comme il savait déjà son histoire
des peintres des Flandres et de la Hollande! Elle
ne devait cependant paraître que 16 ans plus
tard ! —) Eh bien ! laissez-moi diriger le vôtre,
vous verrez que je m'en acquitterai à merveille.

4

D'ailleurs le moulin tourne tout seul ; je me pencherai à la lucarne et, tout en contemplant le ciel, ou en plongeant mes regards dans la vallée, je me croirai dans la meilleure stalle du plus splendide de tous les théâtres. — (Pensait-il déjà à la baignoire directoriale de la Comédie-Française ?) — N'aurai-je pas devant moi le spectacle de la création ? »

Il alla donc s'enfariner :

> D'un vieux moulin à vent j'avais la dictature.
> Comme un fier nautonnier, que de fois j'ai bravé
> Les orages du cœur, et ceux de la nature,
> Qui dans leurs bras d'air vif m'ont si haut soulevé !
> J'aimais le vieux moulin et son architecture,
> Comme un pays perdu, comme un pays rêvé !

Le voilà, à seize ans, dans son Domaine de Montbérault : les ruines du château de Presles à sa gauche ; à sa droite le château du Cellier ; par derrière, les vallons d'Orgeval ; en face la belle Cathédrale de Laon, « ce chef-d'œuvre des chefs-d'œuvres, cette huitième merveille du monde », comme il l'appelle dans une lettre qu'il m'envoyait, le 17 février 1891.

On pouvait dire avec Andrieux, de ce domaine de Montbérault :

> Sur le coteau riant par le prince choisi,
> S'élevait le moulin du meunier Sans Souci.

Mais que faire en pareil gîte ? Sinon rêver et chanter. Et notre héros de 16 ans, de lire Homère, Théocrite, Ovide, tous ceux qui ont chanté l'amour. En même temps, sa main distraite se dirige . . . .

> Vers l'archet oublié d'un pauvre violon
> Qui se met à chanter d'une voix indiscrète
> Qu'il aimait une fille habitant le vallon.

La charmante Cécile dicte les premiers vers à notre poète :

> Aubépine fleurie où je cueillais souvent
> Un bouquet pour Cécile, au beau temps de Marie,
> Qu'as-tu fait de ta fleur ? Hélas un mauvais vent,
> Le triste vent d'orage, un soir me l'a ravie !

> Mais toi, blonde Cécile, âme de mes vingt ans,
> Belle moisson d'amour que je n'ai pas fauchée,
> Cécile où donc es-tu ? — Mon ami, je t'attends
> Dans le jardin sauvage où la mort m'a couchée !

Les volumes de poésie d'Arsène Houssaye, ont chacun sa couleur bien distincte. Ce fût en 1831 qu'il fit paraître : *Les Sentiers perdus*, presqu'à ses débuts de romancier. C'était, d'après son propre aveu « une envolée d'oiseaux chanteurs entre deux giboulées d'avril ». Un sonnet crayonné au frontispice du premier exemplaire était la dédicace de l'auteur à Victor Hugo, qu'on appelait déjà *Olympio.* En voici les quatre premiers vers, les seuls dont Houssaye se souvienne :

O vous qui chantez l'hymne, accueillez la chanson.
Je suis la fraîche églogue aux pieds parfumés d'herbes,
Je glane ; que glaner après votre moisson ?
Quelques bluets tombés de vos splendides gerbes.

Ce à quoi Victor Hugo répondit textuellement : « Votre sonnet vaut un poème, votre volume vaut une bibliothèque, j'ai cru relire tour à tour Théocrite et Virgile. Je vous aime comme poète, soyez toujours mon ami. »

Ce n'était pas d'un mince encouragement pour un débutant, et Arsène Houssaye a raison de dire : « On a beaucoup critiqué le grand poète pour son eau bénite de cour, on a eu tort : C'est comme si on critiquait Apollon de donner le feu sacré ou le diable au corps » Il ajoute en homme sincère : « J'étais bien convaincu que, hormis les derniers mots, Victor Hugo ne pensait pas un mot de ce qu'il écrivait, ni moi non plus. Mais j'avoue que j'aimais bien mieux cette parole dorée que le conseil qu'il eût pu me donner de jeter mon volume au feu. Et pourtant la raison eût été de parler ainsi, mais la raison est l'ennemie de la poésie. »

Le recueil qu'il publia quelques années après, la *Poésie dans les bois,* fut plus apprécié par les « impeccables ». *Les Poëmes antiques* vinrent ensuite, enfin les *Cent et un sonnets.* Le sonnet, selon Houssaye, est le vrai cadre de la poésie ; l'heure est venue d'apprendre à tout dire en quatorze vers.

Cette opinion a été depuis, et tout récemment, consacrée par l'Académie française ouvrant ses portes à un poète, M. José-Maria de Heredia, qui, pour tout bagage littéraire, présentait un seul volume de sonnets. Il est vrai qu'il s'appelait : *Les Triomphes,* et ce fut le sien (style de Pontmartin).

Dans les *Poëmes antiques,* Charles Robin pensait que l'auteur avait été peintre et sculpteur, autant que poète : « Il caressait la forme avec un ciseau d'argent, il faisait éclater ses images avec la palette d'un Vénitien. »

Ces poésies ont été réunies plus tard, en 1849, dans un volume in-12, chez Charpentier, rue de Lille, n° 17. Il a pour titre : Poésies complètes de Arsène Houssaye. *Les Sentiers perdus, Cécile, Sylvia, Ninon, la Poésie dans les bois, Poëmes antiques, Fresques et bas reliefs, Tableaux et pastels.* Paris, 1850. Telle est la description de la couverture du livre. Ce doit cependant être en 1849 que parut ce volume, car dans le *Moniteur universel*, journal officiel, du dimanche 2 septembre 1849, je lis sous la rubrique : *Littérature*, le charmant article suivant de M. Nicolas Martin qui fit longtemps la chronique littéraire de cette feuille :

M. Arsène Houssaye appartient au groupe de ces nouveaux poètes arrivant les cheveux tout emperlés de rosées printanières, les yeux et le cœur tout épris des prés et des bois. Les titres des recueils que M. Arsène Houssaye rassemble aujourd'hui en un volume de POÉSIES COMPLÈTES, révèlent cette tendance de la muse rajeunie. *Les Sentiers perdus* et *La Poésie dans les bois* expriment gracieusement l'éloignement de l'auteur pour les voies battues, pour la fastidieuse poussière des grands chemins. En s'aventurant dans ce vert sentier, le poëte a rencontré quelques fleurs rustiques qui ne se cueillent point ailleurs, et dont l'agreste parfum, le simple feuillage méritent, à mon avis, de prendre le pas sur bien des tulipes orgueilleuses. M. Ars. Houssaye est un Boufflers attendri qui ne s'est pas contenté de regarder la nature par un œil de bœuf de Versailles. Ses frais tableaux sont encadrés de haie vive, d'où l'on voit surgir souvent le visage joyeux et éveillé de quelques belles filles du Vermandois.

Je ne puis résister à mon désir de faire connaître ici une autre appréciation, celle d'un poëte, sur l'œuvre rimée d'Ars. Houssaye. Le

lecteur voudra bien me pardonner cette citation ;
j'espère que le plaisir qu'il aura éprouvé à la lire
me vaudra son indulgence. Philoxène Boyer,
écrivait donc avec la plume d'or de ses vingt ans,
comme dit Th. de Banville, à propos des poésies
de son ami :

Plus qu'aucun de notre époque, Houssaye a ce
qu'Horace appelait, dans sa langue transparente, *spiri-
tum graiæ tenuem Camænæ*. Il n'est pas grec, à mon
sens, seulement parce que, dans ses *Fresques et bas
reliefs*, il a refait, avec mille rythmes, avec mille
variétés, avec mille adresses, les toiles de Zeuxis et
les marbres de Praxitèle ; il y aurait sans doute à
admirer déjà ces innombrables ressources du vers
qui sait raconter l'œuvre du peintre et le marbre du
sculpteur, sans recherche, sans dureté prétentieuse,
et aussi sans surcharge d'ornementation bizantine.
Ars. Houssaye, malgré le caractère profondément
moderne de sa sensibilité rêveuse, malgré les spirituels détours où s'égare parfois sa causerie tout à fait
française, me paraît, en plus d'une rencontre, comme
un continuateur de Théocrite avec un grain d'Anacréon. Il y a telle petite pièce de douze vers, venue,
on le sent, d'un seul jet, à l'*étoile du moment*, comme
dit le Wagner de *Faust*, et qui, cependant, par son
tour symbolique et les traits inattendus dont elle
fourmille, donne à songer encore plus à la vingtième
lecture qu'à la première. Dans sa subtilité passionnée
et dans son vif agrément, il me représente merveil-
leusement le plus pur des poètes de l'antique antho-

logie. Peut-être bien s'arrête-il à mi-côte du Parnasse ; peut-être, comme ce chasseur du vieux temps partant le matin pour chasser un sanglier, revient-il le soir au gîte avec beaucoup de cigales. Mais qu'importe ? Si les cigales sont les filles de celles qui chantaient pour Bathylle, et si, tout à côté, bourdonne au creux de la ruche le chœur émerveillé des abeilles !

Il y a quelques mois, à propos d'une brochure que je fis paraître sur le *Livre d'Amour, Sainte-Beuve et Victor Hugo,* un critique de haute marque (1) m'a traité de « bonne âme » par suite de l'indulgence naïve et voulue toutefois, avec laquelle j'appréciais les personnages qui faisaient l'objet de mon étude, aussi bien que les circonstances fatales qui semblaient avoir présidé à leurs entraînements réciproques. Eh bien ! cette fois encore, va pour « bonne âme », si j'avoue, moi aussi, que je trouve charmantes les poésies d'Arsène Houssaye qui seront, à mon sens, ce qu'il y aura de plus durable dans le monument littéraire qu'il a édifié.

Il y a des faiblesses ; il y a des incorrections, des abus d'esprit, des comparaisons hasardées et impossibles, tout ce que l'on voudra ; mais il y

____

(1) M. Francisque Sarcey. — *Echo de Paris* du 19 octobre 1895.

a aussi et toujours de la souplesse d'esprit, du
sentiment et du cœur. Le talent d'Houssaye, a
dit M. Philarète Chosles, « est un sourire tem-
péré par une larme, un trait d'esprit mouillé par
un trait de sentiment. » Voyons ! quoi de plus
joli que ce petit tableau italien que n'aurait pas
mieux esquissé le Guide ou Véronèse :

Près de Padoue, au sein de ce riche pays
Où le pampre s'étend sur le blé de maïs
(Que n'ai-je vos pinceaux, Titien ou Véronèse,
Pour ce divin tableau digne de la Genèse ?)
Une femme était là caressant de la main
Un bambino couché sur l'herbe du chemin.

Plus souples et plus longs que les rameaux de saule
Ses cheveux abondants tombaient sur son épaule.
Elle était presque nue ; à peine un peu de lin
Lui glissait au genou ; plus d'un regard malin
Courait, comme le feu, de sa jambe hardie
A sa gorge orgueilleuse en plein marbre arrondie.

Elle se laissait voir, naïve en sa beauté,
Sans songer à voiler sa chaste nudité ;
Dieu l'avait faite ainsi, comme il avait fait Éve,
Un matin qu'il voulait réaliser un rêve :
Pourquoi cacher au jour ce chef-d'œuvre charmant,
Créé pour être vu, divin enchantement ?

A la fin, devinant qu'on la trouvait trop belle,
Elle voulut voiler cette gorge rebelle.

Elle étendit la main ; mais le voile flottait.
Son front avait rougi ; de femme qu'elle était
Elle redevint mère : — avec un doux sourire,
Un sourire plus doux que je ne saurais dire,

A son petit enfant elle donna son sein.
O sublime action ! Les anges, par essaim,
Chantant Dieu, sont venus pour voiler de leurs ailes
L'altière volupté de ses saintes mamelles.

Je n'ajouterai rien. Et maintenant des hauteurs de l'Hymette, nous allons descendre vers la terre, et faire une incursion, inattendue peut-être, dans le domaine de la politique.

IV.

Nous sommes en 1848 et Houssaye dit de la
Révolution :

Toutes les révolutions sont filles de la première,
comme la philosophie du xviiie siècle était la fille de
la Renaissance. Trois causes de la Révolution de
Février :

La première, c'est que le prestige royal s'était effacé
sous le prestige de l'argent. On s'occupa de faire
fortune et on laissa faire ; on ne défendit pas sa maison, sous prétexte qu'on bâtissait un hôtel. Et puis
maître Odilon Barrot se drapait dans sa majesté en
disant que les idées ne passaient plus.

La seconde cause fut l'ambition de M. Duchatel
qui désarma et désagréga le ministère pour devenir
premier ministre.

La troisième cause fut l'*Histoire des Girondins* de
Lamartine. Il mit à la mode les montagnards et donna
l'idée de continuer l'histoire.

Il y a peut-être bien aussi une quatrième cause. Le roi Louis-Philippe disait : « Charles X fût renversé pour avoir violé la Charte. Tant pis si je suis renversé pour ne pas vouloir la violer. » Or il n'avait plus la force de la violer ni de la défendre.

Au milieu de cette tourmente politique, juste le 24 février, un fils arrivait à Houssaye : « Ce fut la joie de la maison quand la maison croulait, dit-il, mais la mère ne voyait que son fils et moi aussi. » Et cependant, l'homme de lettres, le père de famille allait se lancer dans la politique militante et, le 24 mars 1848, il adressait, aux électeurs du département de l'Aisne, la circulaire électorale suivante :

Aux Électeurs du Département de l'Aisne.

Concitoyens !

Appelé, il y a trois mois, par les étudiants de l'Aisne, à la présidence de leur banquet, heureux d'y avoir porté avec eux un toast à la *Fraternité*, je viens m'inscrire parmi ceux qui vous demandent l'honneur de vous représenter à l'Assemblée nationale pour travailler, en votre nom, aux destinées de la France républicaine.

Le 24 février, à deux heures, j'ai, un des premiers, voté pour la République au pied de la tribune où Lamartine constatait que la voix du peuple était la voix de Dieu.

La république, la souveraineté du peuple, c'est la souveraineté de l'intelligence et du travail.

Concitoyens ! la République française est née parmi vous. Au moyen âge, la première commune affranchie, c'est Laon ; dans la révolution de 1789, préface éloquente de la nôtre, trois des plus grands et des plus illustres citoyens, Condorcet, Camille Desmoulins, Saint-Just, ont représenté le génie de notre pays.

L'imprévu gouverne le monde. Ayons le pressentiment de l'imprévu. Allons vers l'avenir les yeux ouverts, sans effroi, mais avec vigilance. Soyons toujours en sentinelle pour le salut de la dignité nationale, car avec la dignité nationale, la vie morale est conquise à jamais.

Il y a la vie morale et la vie matérielle. Il faut du pain à l'âme comme il faut du pain au corps. Que l'instruction soit donnée au peuple par la république, comme le ciel donne le soleil à la terre pour qu'elle fructifie.

Quand l'enfant sera devenu homme, la république, mère toujours féconde, l'appellera au travail comme à une fête, car le travail sera aimé. On n'imposera pas une religion au citoyen ; mais on lui dévoilera les beautés radieuses de l'Evangile et de la nature, ces deux livres immortels de l'amour et de la liberté. La propriété est sacrée, la grande et la petite ; l'équilibre plus équitable viendra peu à peu, sans secousses, parce que le travail étendra partout sa main féconde. Il n'y aura plus de pauvres, parce que les droits du travail seront sacrés comme les droits de la propriété et de la famille. Entre les propriétaires et les travailleurs il n'y aura plus un abîme creusé par la haine et la peur ; il y aura la fraternité du cœur et de la raison. L'égalité aura confondu leurs forces et leurs espérances. La liberté assurera leur triomphe pacifique.

Avec la force et la lumière, nous n'avons pas à nous inquiéter de la guerre. La guerre est impie. Les nations libres sont sœurs de la nôtre ; les nations esclaves ne tarderont pas à pousser le cri de la délivrance : *La Royauté est morte, vive la République !*

L'agriculture un jour dédaignée sera enfin le livre évangélique où tous viendront écrire leur mot. On dégrèvera la terre qui nourrit ; on lui donnera ce qui lui manque : des bras, du sel, des irrigations et des troupeaux. Enfin on l'aimera, et elle sera plus féconde que jamais. La France a conquis sa force morale, elle va conquérir sa force matérielle dans la sainte communion du travail.

C'est déjà faire acte de patriotisme que de ne point parler de soi. Un mot seulement : né parmi vous, j'ai commencé la vie en honorant mes mains par le travail. Je dirai comme le philosophe ancien : « Et moi aussi j'ai labouré la terre ! » L'étude et la rêverie ont fait ensuite de moi un ouvrier de la pensée. J'imprimerai désormais ces deux mots dans mes livres et dans mes actions : « Vivre et mourir pour la république. »

Arsène Houssaye,

Rédacteur en chef de la Revue de Paris,
Président du Comité électoral de l'Aisne
séant à Paris.

Un certain Bergeron (Louis), né à Chauny (Aisne), le 1ᵉʳ octobre 1811, figurait alors parmi les commissaires extraordinaires envoyés dans les départements par Ledru-Rollin. Il fut délégué dans le département de l'Aisne. Ce Bergeron, le 19 novembre 1832, jour d'ouverture de la session des Chambres, avait été arrêté à la descente du Pont-Royal. On l'accusait d'avoir tiré un coup de pistolet sur Louis-Philippe qui se rendait, en grand cortège, à la Chambre des députés pour y prononcer ce qu'on appelait, sous le régime constitutionnel, « le discours du trône ». Traduit aux assises, l'accusé nia les faits. Ils n'étaient attestés que par un seul témoin, une jeune provinciale, Mademoiselle Boury, que le hasard avait placée au milieu des curieux, à côté même de Bergeron, et qui déclara qu'instinctivement, en voyant l'arme qu'ajustait son voisin, elle avait fait un mouvement pour faire dévier la balle du régicide. A l'audience, Mademoiselle Boury n'apporta à la justice que des souvenirs peu précis ; la défense en profita et les jurés rendirent un verdict négatif. Bergeron, absous par la justice des hommes, chercha à se créer une position dans la presse la plus hostile au pouvoir nouveau. Il entra au *National* et, en 1837, il fut attaché à la rédaction du *Siècle*. E. de

Girardin qui ne pouvait pardonner à ce journal d'avoir trois fois plus d'abonnés que sa *Presse*, crut de bonne guerre de révéler un jour que, dans la boutique rivale, écrivait un homme coupable d'un fait dont l'avait absous un verdict solennel et souverain. Bergeron souffleta, un beau soir, E. de Girardin qui appela l'insulteur en police correctionnelle, où il fut condamné à 2 ans de prison, augmentés d'une année par la Cour, devant laquelle s'était pourvu Bergeron, Cet arrêt valut, en 1848, à cet homme politique, une pension de 500 francs sur la liste des récompenses nationales.

Ars. Houssaye, étant le compatriote de ce singulier personnage, reçut un jour de lui la lettre suivante :

Les électeurs de nos départements n'ont pas encore compris dans toute son étendue la réforme électorale que nous avons conquise. Dans leurs comités ils se préoccupent beaucoup trop de présenter des candidats de clocher, et ne pensent pas qu'au lieu de s'intéresser des intérêts mesquins de localité, il faut avoir en vue les grands besoins du pays. Chaque arrondissement, chaque canton, présente des listes particulières, et il est impossible de les faire rentrer dans la véritable voie à cet égard. Je ne suis sur aucune liste, je me présente non pour tel ou tel canton, mais pour le département ; je suis parfaitement sûr que ce n'est pas le moyen d'être nommé, mais c'est une manière de protester contre un mode d'élections que je désapprouve.

Pour vous, mon cher ami, suivez une autre voie, présentez-vous dans quelque canton et croyez que si je puis vous être utile, je le ferai chaudement et cordialement.

Houssaye nous apprend qu'il remercia le citoyen Bergeron, en déclarant qu'il ne voulait pas se porter candidat de tel ou tel clocher.

Peu après, en avril de cette même année 1848, Arsène Houssaye fit paraître une brochure intitulée : *Au Peuple des campagnes*, typographie de Plon. Le journal l'*Artiste* en renferme le texte, Cet écrit est fort curieux et contient plus d'un piquant passage. Le commencement en est assez révolutionnaire et, ma foi, les radicaux socialistes du jour ne parleraient pas mieux. C'est de l'histoire, je suis bien obligé de citer textuellement :

Amis et Frères,

J'ai vécu parmi vous du même travail et du même pain. Je sais toutes les angoisses qu'abritent vos maisons où la lumière n'entre qu'à peine, parce que l'impôt des fenêtres vous prive d'air et de soleil. Je sais qu'il est amer le pain que vous mangez ; les romanciers seuls l'ont trouvé bon, parce qu'ils l'ont respiré à travers l'arôme de la poésie agreste. Je sais qu'il n'y a pas de bois à votre cheminée et que vos enfants viennent au monde comme Jésus le Crucifié, dans la sainte chaleur de l'étable. Je sais que vous n'avez de repos que dans la tombe, le seul gîte où l'impôt ne puisse vous poursuivre. Ils travaillent dix heures par journée, vos frères de Paris ; vous qui n'avez pas réclamé, vous travaillez quinze heures. Quand vos petits enfants vont à l'école vous payez un droit impie ; le soleil donne la lumière sans que Dieu vous la fasse payer. La France aussi doit donner la lumière. Vous payez pour vos enfants qui n'apprennent rien à l'école, parce que le matin et le soir vous les affaissez par le travail matériel. Quand vous avez payé un droit à l'école, vous payez un droit à la patrie. Votre enfant sera soldat, car nul ne dira au conseil de révision qu'il est trop faible. *Chair à canon !* voila leur billet de route. Et cependant, votre voisin qui a de l'argent, aura *racheté* son fils, ou l'aura fait *exempter*, parce qu'il y a solidarité entre les gens riches et les gens qui rendent la loi. Il faut aujourd'hui qu'il y ait solidarité entre le riche et le pauvre. Le riche a-t-il, jusqu'ici, acheté un homme pour conserver un enfant pauvre à sa mère ? La Révolution lui dessillera les yeux en lui rappelant le mot que déjà Jésus-Christ lui avait vainement enseigné : *La Fraternité.*

Et ce même langage continue pendant douze pages in-8° qui se terminent ainsi :

Dans le Laonnois, quelques-uns d'entre vous me jugeant digne de représenter leurs droits à l'Assemblée nationale m'ont offert leur mandat. C'est déjà faire acte de patriotisme que de ne point parler de soi. Ma vie est visible, mes livres sont là. Un mot seulement : Né parmi vous, j'ai commencé la vie en honorant mes mains par le travail. Je dirai comme le philosophe ancien : « Et moi aussi j'ai labouré la terre ! » L'étude et la rêverie ont fait de moi un ouvrier de la pensée. J'imprimerai désormais ces deux mots dans mes livres et dans mes actions : *Vivre et mourir pour la République !*

Appelé, il y a trois mois, par les étudiants de l'Aisne à la présidence de leur banquet, j'y ai porté avec eux un toast à la *Fraternité*, avant que la *Fraternité* fut inscrite sur le drapeau de la patrie.

Le 24 février, à deux heures, j'ai, un des premiers, voté pour la République française au pied de la tribune où Lamartine constatait que la souveraineté du peuple c'est la souveraineté de l'intelligence et du travail.

Et notre candidat républicain écrivait à cette époque à David d'Angers, le célèbre sculpteur, la lettre que voici, et dont je possède l'autographe :

Mon cher Michel Ange,

Je vais partir pour les élections de l'Aisne où je suis appelé. J'y retrouverai mon ami Bergeron, mais je veux emporter quelques lettres — une de vous, une de Lamartine, d'autres de noms moins glorieux mais non moins dignes. Ma profession de foi se termine par ces mots : *Vivre et mourir pour la République.*

J'espère donc avoir le suprême honneur de travailler avec vous à la régénération sociale. Aidez-moi, vous qui êtes si digne par le cœur et par l'esprit. Un seul mot d'encouragement, je l'emporterai comme une espérance ; vous avez là-bas des amis inconnus, j'aurai le droit matériel de me dire votre ami devant eux.

Salut, Salut et Fraternité,

Ars. Houssaye.

On pouvait croire que la campagne allait être chaudement menée par notre héros. Point du tout. Et comme il eut raison de reprendre sa véritable voie après ce détour, à côté duquel nous ne pouvions passer sans en dire un mot, exempt de blâme, cela va de soi, parce que nous considérons cette équipée politique comme un mouvement de jeunesse et d'enthousiasme, au beau milieu d'une exaltation des esprits, qui retombe presque toujours aussi platement qu'elle est montée exagérément haut (1).

Aussi, le *Journal de l'Aisne* du vendredi 21 avril 1848, contenait-il la lettre suivante que

(1) Cette page d'histoire politique d'Ars. Houssaye a fait l'objet d'une plaquette bibliographique qui a été imprimée à Laon, en 1890, par M. A. Cortilliot.

Elle a été tirée à six exemplaires seulement, lesquels numérotés et signés sont entre les mains de M. le vicomte de Spoelberch de Lovenjoul, de M. Arsène Houssaye (alors),

Ars. Houssaye adressait à son rédacteur en chef Edouard Fleury, frère de Champfleury. C'est par là que nous terminerons cette digression pour reprendre la suite de la vie littéraire de l'auteur du *Quarante-et-unième fauteuil*.

Monsieur,

Quand j'ai présenté mon nom aux électeurs de mon pays, je ne m'attendais pas à l'honneur d'être en compagnie de cinquante candidats illustres à tous les titres : grands citoyens, grands orateurs, grands hommes d'esprit et de style dont je n'avais jamais entendu parler.

Devant tant de civisme et d'éloquence, devant tant de républicains héroïques, je n'ai qu'un parti à prendre : c'est de prier mes amis de donner les voix qu'ils me réservaient à Henri Martin.

Quelques explications :

Lamartine, dans le flux révolutionnaire qui emportait tous les esprits expansifs, m'avait dit : — « Je vous attends à l'Assemblée nationale. » Des amis qui me sont restés là-bas m'ont écrit dans le même moment qu'ils ne savaient pas pour qui voter. Tout

de M. Ch. Glinel, de M. E. Lemaître, de M. A. Lion et de M. Cortilliot.

Elle est la reproduction augmentée et complétée d'une brochure in-8º de 1848, qui figura au mois d'avril 1890 sur un catalogue de la librairie Sapin, 3, rue Bonaparte, et qui fut achetée par M. de Lovenjoul.

le monde présentait ses titres : J'ai présenté mon nom.

Ma candidature n'a pas été du goût de tout le monde ; quelques sympathies dont je suis reconnaissant et des injures dont je suis fier.

Premier grief. J'ai dîné chez M. de Montpensier et chez M. de Salvandy. C'est vrai, on y dinait fort bien, en belle et bonne compagnie. On y voyait Lamartine, Victor Hugo, Ingres, tout l'Institut. A M. de Montpensier j'ai demandé une chose, une seule : la grâce d'un canonnier, et je le remercie hautement de me l'avoir accordée. A M. de Salvandy, non plus qu'aux autres ministres, je n'ai jamais rien demandé. M. Duchâtel, que je n'ai jamais vu et à qui je n'ai jamais écrit, a souscrit à un de mes livres. Comme le député votait annuellement un million pour souscrire aux livres dignes des bibliothèques publiques, je ne puis m'offenser de cette marque d'estime. Ceux qui me font un crime d'avoir dîné à Vincennes ou rue de Grenelle, n'ont-ils donc pas reçu une petite lettre d'invitation ?

Deuxième grief. J'ai eu la croix par l'intermédiaire de M. de Rémusat. C'est un tort que je partage avec Hugo, Balzac et quelques membres du gouvernement provisoire qui, j'imagine, ne l'ont pas eue parce qu'ils étaient républicains, mais parce qu'ils étaient des hommes de science et de poésie. Ce tort, je suis heureux de ne le point partager avec ceux qui m'injurient.

Troisième grief. Ma littérature n'a aucun succès dans le canton. C'est bien fâcheux, car je reconnais que, grâce aux critiques du canton, c'est le pays du

goût par excellence, je ne m'en consolerai jamais,
pas même avec les journaux de Paris qui impriment
mes livres, pas même avec les anglais et les allemands
qui les traduisent.

On a imprimé que j'avais été à St-Quentin et à
Vervins avec M. de Cambacérès pour y faire des pro-
fessions de foi. Depuis six mois je n'ai pas quitté
Paris. Ces sortes de « pélerinages » pour mendier des
voix ne s'accordent pas avec la dignité d'un peuple
libre.

On a parlé d'une démarche d'étudiants de l'Aisne
à la suite du banquet de Noël pour certaine phrase de
mon discours. Je démens avec indignation cette
odieuse invention. Les étudiants de l'Aisne m'ont
porté un toast, à moi leur frère aîné : voilà toute leur
protestation. Le discours que j'ai prononcé a été
imprimé dans l'*Artiste* et ailleurs, sans qu'on y chan-
geât un mot. Je disais, après avoir exalté Saint-Just et
Camille Desmoulins, la Révolution de 1793 et ses
espérances : « on a abusé des banquets », c'est encore
aujourd'hui mon opinion. Le seul banquet qui promit
du courage civil et de l'éloquence révolutionnaire
était celui du 22 février, où les plus célèbres man-
geurs de veau froid n'ont pas osé aller.

Le seul banquet digne d'un grand peuple est le
banquet de Platon et de Jésus-Christ, où l'on frater-
nise en brisant le pain de la pensée, et où l'on brave
sans les écouter, les injures anonymes qui, même si
elles étaient signées, seraient encore anonymes.

Arsène Houssaye.

Ainsi qu'on le voit par la lettre qui précède, Ars. Houssaye, abandonnant toute candidature personnelle, demandait à ses amis de reporter leurs voix sur M. Henri Martin, auquel ses travaux historiques n'avaient pas encore donné la notoriété qu'ils lui valurent depuis.

Le résultat de cette recommandation ne fut pas celui que le poète et le futur grand historien avaient sans doute espéré. M. Henri Martin ne figura pas au nombre des élus. A grand'peine obtint-il 32,277 voix, alors que le dernier élu de la liste départementale en avait près de 50,000 et le premier exactement 124,892.

Dans ces 32,277 voix qui allèrent à Henri Martin, combien lui vinrent d'Ars. Houssaye ?

V.

On est bien embarrassé quand on écrit sur un homme comme Arsène Houssaye qui s'est éparpillé aux quatre coins du monde des lettres, sous toutes les formes, poëte, romancier, historien, publiciste, administrateur, et qui de plus, a dit de lui, dans des pages charmantes de *Confessions*, tout ce qui peut le faire intimement connaître. Il faut absolument devenir son débiteur et lui emprunter un fort capital. Le tout est de lui servir les intérêts le mieux possible, en restant un narrateur fidèle et scrupuleux. Nous voici à une époque de l'existence de notre héros qui, selon moi, fut une des plus belles, des plus glorieuses, on peut employer ce terme, et à travers les épisodes de laquelle il s'est lui-même complu davantage dans ses mémoires. Je veux parler des années 1849 à 1856, pendant lesquelles s'est exercé son élégant consulat à la Comédie-Française.

Un soir, Arsène Houssaye, clouait une tapisserie des Gobelins dans son cabinet de travail, lorsqu'un homme mystérieux, tout en noir, frappa à sa porte, le priant de le suivre et de se rendre avec lui à l'Élysée.

— Qui est-ce qui me demande et pourquoi me demande-t-on ?

— Je ne sais pas, répondit l'homme tout en noir.

Et à toutes mes questions, dit Houssaye, l'homme noir n'avait que quatre mots : *Je ne sais pas.* Un coupé de bonne maison attendait en bas. Houssaye y prit place et « en route pour l'Élysée. » Arrivé là, après avoir traversé un premier, puis un second, puis un troisième salon, il se trouva en face de Mlle Rachel, qui avait alors une certaine « autorité » dans la maison.

— Voulez-vous être directeur du Théâtre-Français, demanda la grande tragédienne à Houssaye ?

— Vous me voulez donc bien du mal ?

— Oui. Vous savez qu'une tragédienne a toujours des vengeances à exercer.

— Eh bien, vengez-vous. Je suis décidé à tout si vous êtes avec moi.

Qui fut dit fut fait. Après avoir été présenté au prince Louis Napoléon, qui avait près de lui M. de Persigny et le commandant Fleury, Houssaye sortit avec Rachel qui le fit monter dans son coupé et le conduisit rue du Bac, où il demeurait alors.

Mais, le lendemain, il n'était déjà plus directeur du Théâtre-Français. Les comédiens, à la première nouvelle venue par Rachel, s'étaient rassemblés en Comité de salut public et avaient juré sur le plâtre de Talma et de Mlle Mars qu'ils n'auraient plus de maître. Ils triomphèrent près du ministre, pas pour longtemps du moins. Un mois après cette révolution de théâtre, qui en suivait une et en précédait une troisième d'un autre genre, M. Ferdinand Barrot, qui était alors ministre de l'intérieur, adressait à Ars. Houssaye le billet suivant :

Mon cher Monsieur, votre nomination décidée il y a quatre mois est enfin signée ; mais elle ne sera officielle que demain. Venez me voir vers 6 heures pour que nous causions de votre entrée en scène.

FERDINAND BARROT.

Rachel était au courant de ce qui s'était passé et elle avait écrit à son ami :

Venez bien dîner avec moi, mon cher directeur. J'ai une mauvaise nouvelle à vous donner. J'ai eu beau faire et beau dire, vous êtes nommé malgré moi.

RACHEL.

Rien n'est plus charmant, rien n'est raconté avec une allure plus gaie dans les *Confessions*, que ce qui suivit ce tête à tête de notre héros avec Rachel. Sur la demande de cette reine de la Tragédie, on se dirigea vers le Théâtre-Français. Mlle Rachel demeurait alors rue de Rivoli, presqu'à la porte du théâtre. Elle s'y rendit à pied, au bras du nouveau directeur, et vous allez voir que leur entrée ne fut pas triomphale. « Quand nous voulûmes passer devant le contrôle, raconte Houssaye, le préposé aux entrées de faveur fit signe à Mlle Rachel de s'arrêter. Je voulais passer outre, mais Mlle Rachel me dit :

— Non ; cet homme a raison, je n'ai plus mes entrées, puisque je ne suis plus de la maison.

En effet, le préposé dit respectueusement, mais avec fermeté :

— Mlle Rachel n'a plus ses entrées.

Nous sortîmes gaiement pour aller au guichet.

— Est-ce qu'on peut détailler une place dans une avant-scène de rez-de-chaussée ? demanda Mlle Rachel.

Je n'étais pas bien sûr d'avoir de quoi prendre toute l'avant-scène, aussi je trouvai que la tragédienne parlait d'or.

— Oui, mademoiselle, nous *détaillons*.

— En attendant que vous *détaliez*, répliqua Rachel.

On pouvait prendre une place partout, car il n'y avait personne dans la salle.

Je voulais payer, mais la tragédienne avait trop de plaisir à payer sa place pour me laisser faire.

Nous voilà entrés ; cette fois c'est moi qui suis appréhendé au corps.

— Monsieur, est-ce que vous avez vos entrées ?

Je n'étais pas allé au Théâtre-Français depuis quelque temps. On avait oublié ma figure. Je revins sur mes pas.

— Oui, dis-je, j'ai mes entrées depuis dix ans.

On me demanda mon nom.

— Arsène Houssaye.

Le contrôleur, qui ne perdait pas son temps à lire mes livres, crut que le prénom et le nom ne faisaient qu'un seul mot. Au lieu de chercher à l'H, il chercha à l'A : naturellement il ne me trouva pas.

— Votre nom n'est pas inscrit, monsieur.

— Cherchez à l'H, lui dis-je.

Il chercha à l'H, croyant sans doute trouver Harsène Houssaye.

— Votre nom n'est pas inscrit, monsieur, dit-il une seconde fois.

— Oh ! la bonne aventure, s'écria Rachel ; vous allez payer votre place à votre tour.

En effet, je retournai au guichet et je jetai un louis pour deux autres places d'avant-scène, afin d'avoir mes coudées franches si d'autres convives égarés par là voulaient une part de la loge.

— Savez vous, dit Mlle Rachel au contrôleur, que vous allez faire une belle recette aujourd'hui.

On voulut bien enfin nous laisser passer.

L'ouvreuse nous fit meilleure figure ; elle vint au devant de nous comme une âme en peine qui vit avec les ombres :

— Ah ! Mlle Rachel, comme je suis heureuse de vous voir ! Si vous saviez comme on s'ennuie ici depuis qu'on ne joue plus la tragédie ! Voyez plutôt, je me croise les bras : à peine trois ou quatre fauteuils d'orchestre. J'espère bien que vous allez revenir.

Nous étions dans l'avant-scène.

Le spectacle était navrant, de quelque côté qu'on se tournât. Comme il n'y avait personne dans la salle, on ne jouait pas gaiement devant la rampe. Et pourtant, on représentait ce soir-là deux chefs-d'œuvre en prose et en vers : *Le Barbier de Séville* et *l'Aventurière*. Les chefs d'emploi étaient à leur poste ; tout le génie de la première troupe du monde s'escrimait dans le vide.

Dès que les comédiens nous aperçurent dans l'avant-scène, ils échangèrent des signes d'intelligence. « Qu'est-ce qu'ils viennent faire là ? » se demandaient-ils.

Nous entendions quelques mots par-ci par-là. Ils s'imaginaient que nous venions les voir une dernière fois avant notre départ pour l'Amérique.

— Prenez garde ! dit tout à coup Rachel à Got, qui s'était approché d'elle, nous avons payé notre place, nous avons le droit de siffler.

Got n'était pas du Comité de salut public : il opinait pour la comédie, mais il opinait aussi pour la tragédie.

Régnier s'approcha à son tour. Nous nous connaissions, il me salua de son fin sourire — à deux fins — et exprima par son regard à

Mlle Rachel tout son chagrin d'être obligé de batailler contre elle.

Les femmes étaient implacables ; aucune d'elles ne voulait gracieusement se soumettre à la domination de la tragédienne. Elles ne comprenaient pas que sa gloire et son génie rejaillissaient sur elles. L'esprit est contagieux comme la bêtise ; plus il y a de talent dans un théâtre, plus le talent monte. C'est l'histoire de la beauté dans un salon.

— Quel dommage, dit tout à coup Rachel, voyez comme ces gens-là jouent bien.

— Oui, mais voyez comme tout est gris et froid autour d'eux. Il faut plus de couleur dans la mise en scène et plus de lumière dans la salle.

— Plus de lumière ! Dieu merci, pour montrer mieux la solitude.

L'ouvreuse était venue apporter le programme.

— Je serais bien curieuse de savoir le chiffre de la recette, lui demanda Rachel.

Un instant après, cette femme reparut :

— Eh bien ! Mademoiselle, cela n'est pas riche, cent soixante-trois francs !

— Cent soixante-trois francs ! Dieux d'Eschyle et de Corneille ! dit tragiquement Mlle Rachel.

Ses colères contre le théâtre étaient tombées : ce chiffre la blessait dans son amour profond pour la maison de Molière.

— Cent soixante-trois francs ! reprit-elle. C'est un théâtre perdu. Comment ferons-nous pour le sauver ?

Une de ces belles inspirations qui sont le salut des empires passa dans l'esprit d'Ars. Houssaye.

— C'est bien simple, dit-il à la tragédienne, j'augmenterai le prix des places.

Elle le regarda comme pour voir s'il n'était pas fou, mais elle comprit aussitôt sa pensée et lui dit en serrant sa main :

— Vous êtes né directeur de théâtre.

Nous sommes ici au 26 avril 1850. Le 29 du même mois, le *Moniteur universel*, journal officiel d'alors, publiait en tête des nouvelles de « l'Intérieur », les lignes suivantes :

Par décret du 27 avril, le Président de la République a, sur la proposition du Ministre de l'Intérieur, nommé M. Arsène Houssaye administrateur du Théâtre de la République.

Ce même numéro de journal contenait un autre décret modifiant le régime administratif du Théâtre de la République. Il n'en fallait pas davantage pour causer un grand émoi parmi les comédiens-sociétaires de la rue de Richelieu, et la porte de la maison de Molière ne s'ouvrit pas à deux battants devant Ars. Houssaye. Son entrée, en compagnie de Charles Blanc, au Comité ; sa conversation avec M. Seveste dans le cabinet de direction, tout cela est narré d'une façon ravissante dans le tome second des *Confessions*, au chapitre intitulé : *Une page de roman comique*, et j'y renvoie le lecteur, parcequ'il me faudrait ici tout copier. M. Seveste se prétendait nommé Directeur par les sociétaires, en même temps que Ars. Houssaye l'avait été par le Président de la République, et il ne voulait pas céder le bureau « d'acajou », où il était en train de composer le répertoire de la semaine, lorsque le nouvel administrateur pénétra dans le sanctuaire. Mais celui-ci tint bon, et le pauvre M. Seveste n'eut plus que cette phrase à prononcer :

— Monsieur le Directeur, puisque vous me prenez la vie, prenez ma tête.

Une petite tête ronde, dit Houssaye, dont on eût fait une belle boule à quilles.

— Monsieur, je n'ai que faire de votre tête ; je suis venu ici pour faire jouer les comédies de mon goût et non pour jouer aux boules ; je suis blond mais je suis très entêté, gardez votre tête brune pour une meilleure occasion.

Enfin, la place était prise, mais Houssaye eut quelque peine encore à garder les positions conquises.

La Comédie-Française était, à cette époque, très chancelante, sa situation financière était très compromise, son passif s'élevait à près de 500.000 francs, et, bien que le répertoire nouveau ne manquât ni de mérite ni d'éclat, il n'attirait cependant pas la foule.

Les recettes étaient ridicules, la salle était pour ainsi dire déserte, « on entendait pousser l'herbe sur les ruines du Théâtre. » Un véritable rajeunissement s'imposait. M. Empis, de l'Académie française, apportait une Comédie historique, refusée du reste, unanimement par le Comité ; heureusement, Alfred de Musset allait entrer dans le cabinet du directeur, lui promettant d'écrire de suite une comédie en cinq actes, pour laquelle Arsène Houssaye s'engageait à lui signer un bon de *dix mille francs* sur la Banque de France. Le poète avait toujours été mal payé de ses chefs-d'œuvre. Dix mille francs lui parurent un coup de fortune. Il prit son chapeau en disant au Directeur : « Adieu, mon cher Houssaye, je vais commencer ma pièce. » Par malheur, il passa par le café de la Régence, se mit à jouer aux échecs et, selon une expression créée par lui, il « s'absintha » de lui-même jusqu'à une heure du matin..... et la pièce promise ne vint jamais. Mais son répertoire ancien était là et fut repris sans plus tarder par Arsène Houssaye. *Les Caprices de Marianne, Il faut qu'une porte soit ouverte ou fermée*, ce scintillant proverbe où reparut Brindeau, qui avait créé le personnage du Comte le 7 avril 1848, et où Mlle Denain succéda à Mme Allan dans le rôle de la Marquise.

Toutes les difficultés du premier moment devaient cependant s'effacer peu à peu. Rachel fut pour le Directeur de la Comédie-Française un fidèle et puissant appui.

N'était-elle pas d'ailleurs la bonté pour tous, cette illustre tragédienne qui, dès 1839, alors qu'elle n'était pas au sommet de sa gloire, écrivait cette admirable lettre dont je possède l'autographe et que je transcris ici :

Monsieur,

Les pauvres sont mes frères, ils ont droit à toute ma sympathie et jamais je ne refuserai quand on me demandera de jouer à leur bénéfice une de ces tragédies qui m'ont tiré moi-même de la plus grande pauvreté. Vous me rappelez que j'ai demeuré sur le 7e arrondissement et qu'un grand nombre de mes coreligionnaires profiterait du secours que vous sollicitez de moi. Je crois rêver quand je pense que je pourrais, moi, naguère si malheureuse, venir en aide à des misères qui ont tant de titres auprès de moi. Je donnerai donc avec empressement la représentation que vous me demandez.

Je dois pourtant vous dire, Monsieur, que je suis engagé *(sic)* comme pensionnaire au Théâtre-Français ; qu'on a la bonté de ne me faire jouer qu'une fois par semaine, à la suite d'une grave maladie que je viens de faire ; que c'est donc à la direction qu'il faudra vous adresser pour obtenir la représentation à laquelle je suis toute prête à donner mon concours.

Veuillez agréer, Monsieur, l'expression de mes sentiments les plus distingués.

RACHEL FÉLIX.

27 septembre 1839.

Alexandre Dumas père soutint également Houssaye de toutes ses forces. N'est-ce pas lui qui écrivit à M. Baroche, qui venait de signer la nomination de M. Mazères à la place de Houssaye, la lettre suivante qui, jointe à la démarche personnelle de Rachel près du Ministre, eut pour effet de faire revenir ce dernier sur sa décision, et de maintenir au fauteuil directorial celui qui devait si heuseusement conduire les destinées du Théâtre de la République :

Monsieur le Ministre,

Je me trouve par hasard chez Rachel au moment où elle a l'honneur de vous écrire pour vous dire tout ce qu'elle pense comme directeur de M. Arsène Houssaye.

Je n'ai aucun droit, Monsieur le Ministre, de vous recommander qui que ce soit au monde, mais j'ai le droit de vous dire que depuis 22 ans que j'ai fait jouer *Henri III* à la Comédie-Française, je n'ai jamais vu l'art aussi bien représenté et les artistes si bien accueillis que par M. Ars. Houssaye.

Mon opinion a, sur ce point, une valeur d'autant plus réelle, M. le Ministre, qu'elle est complétement désintéressée. J'ai un théâtre pour jouer mes pièces et, par conséquent, je n'ai nul besoin, rue de Richelieu, de la protection de tel ou tel directeur.

Aussi, M. le Ministre, c'est pour l'art, pour les artistes et pour vous-même, que je crois devoir vous dire : personne n'a mieux fait et personne ne fera, je ne dirai pas mieux, mais aussi bien au Théâtre-Français que M. Arsène Houssaye (1).

Alexandre Dumas.

L'orage allait enfin se dissiper et le calme renaître. Samson, Provost, s'adoucissent de

----

(1) Cette lettre, avec une autre de Mlle Rachel adressée également à M. Baroche, étaient sorties (on ne sait comment) du cabinet du ministre et figuraient sur un catalogue de vente publique rédigé par M. Charavay. M. Baroche s'opposa à la vente et eut la galanterie d'offrir ces deux autographes à M. Houssaye en lui envoyant les lignes que voici :

« J'apprends que vous avez le désir de posséder deux lettres, l'une de Mlle Rachel, l'autre de M. Alex. Dumas

plus en plus et, finalement, toute la troupe salue
par d'unanimes remerciements Ars. Houssaye,
le soir où celui-ci réunissant les sociétaires dans
le salon des *Frères Provençaux*, à un dîner
somptueux, leur adressa, en ouvrant un porte-
feuille presque ministériel, les paroles suivantes :

Messieurs, vous avez depuis dix mois que j'admi-
nistre, cinquante mille écus de dettes éteintes, et
voici cent mille francs que vous pouvez vous partager à l'instant même.

M. Samson sauta au cou du sympathique
orateur qui faisait tomber une si douce et si
agréable pluie de Danaé, et le festin fut suivi
d'un bal, où le Doyen lui-même dansa une
gavotte.

Arsène Houssaye, avec sa nature heureuse,
son caractère facile, plein de charmes et de
grâces, avec son esprit accommodant et le plus

qui m'avaient toutes deux été adressées à l'occasion de
votre nomination définitive aux fonctions de Directeur
du Théâtre-Français. Je suis heureux de pouvoir vous les
offrir, comprenant le prix que vous devez attacher au
jugement porté par une si grande artiste et par un écrivain
éminent sur l'un des actes de mon ministère dont je
consacre moi-même le souvenir avec un plaisir véritable.

J. BAROCHE. »

conciliant du monde, finit par avoir raison des circonstances que rendaient plus difficiles les événements politiques de 1848. Leur contre-coup s'était fait singulièrement sentir dans toutes les fortunes et dans toutes les affaires. Les rapports du Directeur devinrent donc bientôt des meilleurs avec les artistes du Théâtre, et il en fut de même avec les auteurs en renom que Houssaye sut garder ou attirer à la Comédie-Française. Disons, en passant, que ce fut lui qui assit sur le trône du chef d'orchestre J. Offenbach, ce qui fut la cause d'une véritable révolution au Théâtre-Français : il n'y avait que deux violons, il y en eut six ! Provost en levait les bras au ciel et Ligier demandait à tous les échos d'alentour si Offenbach l'accompagnerait dans le récit de Théramène ! Est-ce son passage à la Comédie-Française qui fit éclore plus tard *Les Deux Aveugles, Orphée aux Enfers* et *la Belle Hélène* ? Toujours est-il que le vénérable orchestre de la rue Richelieu s'enrichit, sous le bâton de ce compositeur riant et spirituel, d'une foule d'ouvertures et d'intermèdes, et que le zèle et la bonne humeur de ce maëstro furent longtemps récompensés par une représentation annuelle à son bénéfice, dans laquelle paraissait toute la Comédie-Française, comme à l'anniversaire de la naissance de Molière.

Les recettes annuelles de la Comédie-Française étaient, en 1846, de 425,591^f 15 ; en 1847, 331,144^f 90 ; en 1848, avec les premières de l'*Aventurière*, de *Il faut qu'une porte soit ouverte ou fermée*, *Il ne faut jurer de rien*, 319,605^f. En 1850, ces recettes s'élèvent à 612,231^f 70. Au répertoire, figurent : *Charlotte Corday, Mademoiselle de Belle-Isle, Angelo, Horace et Lydie, Le Chandelier, Les Contes de la Reine de Navarre, Les Ennemis de la Maison, Le Joueur de flûte.* — En 1851, le coup d'État a lieu, et malgré tout, les recettes atteignent 581,227^f 70. En 1852 elles montent à 660,705^f 60.

Le 22 octobre 1852, l'administration de la Comédie-Française était ainsi composée : M. Arsène Houssaye, directeur ; Laurent, contrôleur général ; Verteuil, secrétaire général ; Dubois-Davesne, régisseur général ; Laugier, archiviste ; Offenbach, chef d'orchestre.

Les sociétaires étaient MM. Samson, Beauvallet, Geffroy, Regnier, Provost, Brindeau, Leroux, Maillard, Got, Delaunay, Maubant, Monrose ; comme femmes, Mesdames Noblet, Rachel, Brohan (Augustine), Denain (1), Re-

---

(1) Qui fut plus tard la belle-mère de Léo Delibes, le compositeur de musique.

becca, Judith, Bonval, Nathalie et Madeleine
Brohan. Les pensionnaires hommes s'appelaient
MM. Mirecour, Fonta, Chéry, Ballande, Mon-
tet, Anselme, Didier, Guichard, Deloris ; les
pensionnaires femmes se nommaient Mesdames
Thénard, Moreau-Sainti, Rimblot, Allan-Des-
préaux, Favart, Sarah Félix, Fix, Théric, Biron,
Marie Dupont, Savary, Jouassain et Saint-
Hilaire. Tous ces détails, absolument officiels,
sont puisés au volume si intéressant consacré au
journal intime de la Comédie-Française par
M. Georges d'Heilly, auquel j'emprunte plus
d'un précieux renseignement.

C'est à cette date du 22 octobre 1852 que la
Comédie-Française, à l'occasion de la rentrée à
Paris du prince Louis Napoléon, président de la
République, après le triomphal voyage de Bor-
deaux, donna une représentation solennelle dont
le souvenir a été perpétué par un petit volume
in-32, édité par Eugène Didier, rue des Beaux-
Arts, lequel éditeur était le cousin-germain
d'Ars. Houssaye. Le père d'Eugène Didier avait
épousé en premières noces la sœur de M Housset, père d'Arsène.

Les artistes du premier théâtre littéraire de
l'Europe, dit M. d'Heilly, représentèrent devant
une merveilleuse assemblée, la tragédie de *Cinna*,

et la comédie charmante de Musset : *Il ne faut jurer de rien* (1) C'est Mlle Rachel qui jouait Émilie, c'est Beauvallet qui jouait Auguste. Corneille lui-même n'eut pas demandé mieux. Mademoiselle Rachel était bien, en effet, la Romaine de ses rêves, et c'est elle qu'il dut voir à l'horizon de son œuvre, alors qu'il sculptait dans le marbre héroïque la figure de cette implacable beauté. Beauvallet était un Romain de la même famille ; Corneille le voyant lui aurait dit : « Tu es à moi. » Et, lui-même, il eût placé sur son front austère cette branche de lauriers qui était alors la couronne du monde.

« Le rideau baissé sur la tragédie de Corneille, dit M. Edouard Fournier, s'est relevé sur l'ode de M. Arsène Houssaye qui, lui aussi, peut parler, quand il veut, un langage souverain. Pour peu qu'on en eût douté jusque là, connaissant les gracieuses mollesses, les amoureuses langueurs de sa muse la plus familière, on eût été cette fois tout à fait convaincu. L'interprète de Houssaye

---

(1) Les titres des pièces représentées étaient vraiment bien choisis : on était, ne l'oublions pas, le 22 octobre 1852. *Il ne fallait jurer de rien ;* car le 1er décembre 1852, à 8 heures du soir, Louis Bonaparte était proclamé Empereur, sous le nom de Napoléon III, à St-Cloud, en présence du Sénat et du Corps législatif.

fut Mademoiselle Rachel qui récita les stances :
« l'Empire, c'est la Paix », avec une pureté et une
gravité de diction pénétrantes. »

Jules de Premaray dans la *Patrie*, Jules Lecomte
dans l'*Indépendance Belge*, Th. Gautier dans la
Presse, Jules Janin dans les *Débats*, Auguste
Lireux au *Constitutionnel*, Paul de St-Victor, ont
tous écrit des articles d'éloges à l'endroit de cette
soirée, devenue une page d'histoire.

La liste des personnages, au premier rang
desquels se trouvaient la future impératrice et sa
mère, la comtesse de Montijo et Mlle de Montijo, .
des artistes et des gens du monde (parmi lesquels
lord Gray, qui avait payé son fauteuil d'orchestre
450 fr.), qui assistaient à cette représentation, est
tout au long donnée dans le volume rarissime
et recherché des bibliophiles que j'ai décrit plus
haut. Il m'a paru par trop long de la publier dans
cette étude. Je ne citerai qu'un nom, parce qu'il
est bon à retenir, c'est celui de M. Pierre
Corneille, arrière-petit-fils de l'illustre poète,
auteur de *Cinna*. Il avait voulu tout à la fois
applaudir à celui qui lui a légué son nom et à
celui qui lui avait donné une pension pour le
porter dignement. Tout le monde sait, en effet,
que le prince Louis Napoléon a tiré de la misère
le descendant de Pierre Corneille. J'ajouterai

que, le lendemain de cette solennité, le prince Louis Napoléon envoyait à M. Arsène Houssaye ses chiffres en diamants, et à Mademoiselle Rachel un bracelet digne de serrer le bras de la reine de Golconde.

Le 8 janvier 1853, l'Empereur assistait à la représentation de *Louise de Lignerolles*. Mademoiselle Rachel qui joua pour la première fois, le 6 mai 1852, le rôle de *Louise*, créé par Mademoiselle Mars, le 6 juin 1838, s'y montra remarquable et produisit le plus grand effet. Elle y était supérieurement habillée et obtint un légitime succès de presse, sauf l'opinion de Jules Janin qui désapprouva la tentative de la grande tragédienne, consentant à jouer un vieux rôle de Mlle Mars. « Quelle étrange idée, dit le prince de la critique, et pourquoi faire ? Et que peut-on espérer de ces fantômes ? »

Cette année 1853 commença également par la première représentation de *Lady Tartuffe*. Madame E. de Girardin et Rachel avaient osé continuer l'idée de Molière, en donnant une femme à cet horrible M. Tartuffe, qui n'a survécu que par la force du génie. Cette pièce fut sauvée par l'interprétation hors ligne qu'elle reçut à la Comédie-Française. Elle n'eut que 31 représentations. Rachel la joua pour la dernière fois, le 24 mai 1854. C'est dans cette comédie que débuta la très agréable Mlle Emilie Dubois, qui n'avait pas encore 16 ans, et qui sortait de la classe de M. Samson. La soirée du 10 février 1853 fut, pour Mlle Dubois, dit M. Hippolyte Rolle, la première page charmante d'un charmant début !

Le 1er avril (1853) eut lieu la première représentation de : *Les Lundis de Madame*, comédie en un acte en prose de M. Allard, causerie de salon fort spirituelle, dont on a retrouvé la manière dans le *Monde où l'on s'ennuie*. Mais cette date du 1er avril ne lui porta pas bonheur, dit lui-même Ars. Houssaye. M. de Morny avait trouvé cela dans les papiers d'un de ses amis, et l'avait donné à Léon Gozlan. D'un méchant proverbe Léon Gozlan avait fait une jolie comédie, où il y avait plus d'un joli mot de M. de Morny, ce qui perdit la pièce, parce que M. Fould qui était mal avec l'homme d'Etat, leva les bras à la représentation, en s'indignant qu'une telle « sottise » fut jouée au Théâtre-Français. Le bruit se répandit que le Ministre était furieux, ce qui jeta un froid dans la salle, et jusque sur la scène. Après la représentation, M. Achille Fould le prit de haut pour dire qu'il ne voulait pas que cette pièce fut jouée une seconde fois. Houssaye lui répondit que *les Lundis de Madame* n'étaient rien moins qu'un petit chef-d'œuvre d'esprit sur les travers du monde, et que, d'ailleurs, le nom de l'auteur, Léon Gozlan, couvrait le théâtre.

— Le nom de l'auteur, s'écria Fould ! Morny est de la pièce.

— Eh bien, tant mieux ; Morny a beaucoup d'esprit et beaucoup d'amis, si tous ses amis viennent il y en aura pour cent représentations.

— Oui, mais la pièce ne sera plus jouée.

Les Lundis de Madame ne furent donc pas les lundis de tout le monde. Le ministre d'Etat, qui n'était ministre que depuis quelques heures, aurait voulu qu'on inaugurât sa surintendance des théâtres par des pièces comme le *Cid* ou le *Misanthrope.* — On n'en fait plus. A minuit, dit Houssaye, il me fit dire qu'il me défendait d'afficher la pièce une seconde fois. Je lui écrivis le soir même :

Monsieur le Ministre,

Vous êtes sévère aux *Lundis de Madame.* Ce n'est pas une comédie, je l'avoue, mais c'est une spirituelle saynète dont un homme d'esprit avait indiqué l'idée, et que M. Léon Gozlan a mise sur pied avec tout le feu de son dialogue.

Vous voulez, Monsieur le Ministre, que je ne donne plus les *Lundis de Madame.* Un des auteurs

serait de bonne composition, puisque M. Samson a
dit au public : La pièce que nous avons eu l'honneur
de représenter devant vous est de *feu* M. Alexandre.
Mais M. Léon Gozlan n'est pas mort, Dieu merci !
Il ferait le diable contre votre arrêt.

Et, d'ailleurs, que dirait le public, puisque la pièce a
du succès ? Permettez-moi donc de ne pas arrêter les
représentations des *Lundis de Madame*.

On continua naturellement de jouer la pièce.
Second ordre du Ministre ; nouvelle résistance,
mais enfin Morny lui-même pria de ne pas
insister. Gozlan ne fut pas content, et il s'en
vengea cruellement sur le Ministre par une
complainte qui eut ses huit jours de célébrité.
Un beau matin, M. A. Fould fut remercié par
l'Empereur, alors même qu'il se pensait tout
puissant. Il avait chassé la veille encore avec
Napoléon. Voici le refrain de la complainte :

> Fould a chassé-z-hier
> Avec son Empereur,
> Ce dont il était fier
> Car il est bon tireur
> Mais aujourd'hui, triste comme un linceul.
> Il a-z-été chassé tout seul.

Telle est l'histoire amusante de cette petite
pièce.

Il me faut marcher rapidement à travers le
très nombreux cortège de pièces jouées rue de

Richelieu sous la direction d'Arsène Houssaye. Autrement, je devrais m'arrêter à chaque pas pour admirer les costumes, les décors de telle ou telle première, ou de telle ou telle reprise ; applaudir le talent des auteurs ou des acteurs ; saluer à droite, saluer à gauche Scribe, Th. Barrière et de Beauplan, avec la première représentation de le *Lys dans la vallée*, Alexandre Dumas avec *Charles VII chez ses grands vassaux*, Emile Augier avec *Gabrielle*, Casimir Delavigne avec *Louis XI*, Samson dans sa représentation d'adieu, Mlle Georges, avec ses soixante-huit ans, reparaissant pour la dernière fois dans le personnage de Cléopatre de la tragédie de *Rodogune*, Mme E. de Girardin dans la *Joie fait peur*, qui fut pour Regnier (Noël) l'occasion d'une de ses plus brillantes créations. J'en passe et des meilleurs. Mais je ne veux pas oublier M. Ernest Legouvé qui, le 7 juin 1855, fait représenter *Par droit de conquête*, comédie agréable et fort élégamment, écrite, et qui valut à M. Bressant les honneurs de la soirée.

En 1855, la Comédie-Française avait commencé l'année (le 15 janvier) avec la *Czarine* de Scribe, drame historique qui n'est pas, tant s'en faut, l'un des plus mauvais de l'auteur. Le cinquième acte de cette pièce eut un grand succès, dont Mlle Rachel put revendiquer la plus large part. Ce fut sa dernière création au Théâtre-Français. Elle y fut belle, elle y fut souveraine, tandis que Beauvallet et Bressant furent de superbes portraits historiques du plus grand style.

C'est également au cours de cette année que Rachel joua, pour la dernière fois, (à la 69e représentation) le 22 février 1855, *Adrienne Lecouvreur*, devant l'Empereur et l'Impératrice. C'est le 13 juin 1838 que, quittant son sixième étage de la rue Traversière-Saint-Honoré, n° 33, cette illustre tragédienne avait effectué son premier début sur la scène de la rue Richelieu, par le rôle de Camille de la tragédie d'*Horace*, de Corneille, devant 753 francs de recette ! Heureusement pour la Comédie-Française, le passage de cette grande artiste produisit des résultats superbes sur l'ensemble des recettes annuelles du théâtre, et on ne saurait célébrer ni reconnaître assez haut l'honneur et la gloire que Rachel a laissé tomber sur le Théâtre-Français. Elle était là pour sauver à tous instants les situations difficiles et délicates ; et ce fut cette généreuse artiste, disant à Vedel, directeur de la Comédie, en 1837 : « Quand on aime les gens, on fait tout pour leur plaire », qui répondit de même à Houssaye, ļorsqu'au début de son administration celui-ci voulut tirer une lettre de change sur le public avec le nom de Rachel, à laquelle il écrivait la lettre charmante que je possède et que voici :

Je viens, ma chère Madame, demander une grâce à votre bonne grâce. Eu égard aux désastres de la caisse, voulez-vous jouer *Adrienne* dimanche prochain ? Comme par votre engagement vous avez prouvé tout votre dévouement au Théâtre en ne lui demandant que les miettes de la table du festin que vous y donnez, je veux que le Théâtre vous prouve sa reconnaissance par des feux extraordinaires dignes de vous. Autrefois, on vous donnait dix francs, moi je vous donnerai cinq cents francs chaque fois que vous jouerez au delà de deux fois par semaine. Et si j'étais Directeur du Théâtre-Français à mes risques et périls, ce n'est pas 500 francs mais 1.000 francs que je vous offrirais. Contentez-vous donc de ma demie éloquence.

Mille et un dévouements.

ARS. HOUSSAYE.

Méry reparut aussi, en cette même année 1855, avec l'*Essai du mariage*, Octave Feuillet avec *Péril en la demeure*, Gérard de Nerval avec sa traduction de *Misanthropie et Repentir*, drame en cinq actes de Kotzebue, et Léon Gozlan avec le *Gâteau des reines*. Enfin, le 13 septembre, avait lieu la représentation gratuite en l'honneur de la prise de Sébastopol. La Comédie-Française joua

les *Demoiselles de St-Cyr* et le *Médecin malgré lui.*
Arsène Houssaye compléta cette représentation
par une ode de circonstance, dans laquelle il
chantait la gloire de l'Empereur, de la France et
de l'Armée. Cette ode fut déclamée avec grand
succès par Mlle Favart, en costume de muse de
l'histoire. Le 29 décembre, à l'occasion de la rentrée des troupes de Crimée, on donna la *Joconde ;*
et M. Beauvallet récita *l'Armée d'Orient,* ode du
député-poète Belmontet. Cette année 1855 fut
celle de l'Exposition universelle, aussi les recettes de la Comédie-Française se sont élevées
à la somme de 910,740 fr. 60 ; chiffre qu'elles
n'avaient pas encore atteint jusque là.

Nous voici en 1856. Ce fut l'année de la
démission d'Arsène Houssaye. « La vie ne nous
est pas octroyée pour faire toujours la même
chose, dit-il quelque part. » Le 9 janvier avait
eu lieu la représentation de la reprise de *Gabrielle.*
L'Empereur et l'Impératrice assistèrent à la
deuxième représentation, le 11 janvier. Mlle Judith
figurait dans le rôle de l'héroïne de la comédie
d'Emile Augier. Parmi les autres pièces jouées
en 1856, voici celles qui ont laissé un souvenir
littéraire : Les *Pièges dorés,* d'Arthur de Beauplan, joués pour la première fois le 21 janvier ;
le *Village,* d'Octave Feuillet ; *Comme il vous*

plaira, de Georges Sand, et *Guillery*, d'Edmond About, farce quelque peu équivoque, par la première représentation de laquelle le grave M. Empis inaugura sa direction de la Comédie-Française. En effet, le 1er février 1856, M. Empis (1), membre de l'Académie française et auteur dramatique, remplaçait à la tête de la Comédie, Ars. Houssaye, démissionnaire depuis plusieurs mois déjà.

Les articles les plus flatteurs parurent dans les journaux, sur l'intelligente et habile direction d'Ars. Houssaye. Edmond About commençait le sien, dans *l'Opinion nationale*, par ces lignes : « Un poète, Lamartine, avait sauvé la France du drapeau rouge ; un autre poète, Arsène Houssaye, sauva la Comédie-Française de la faillite. »

Jules Janin, de son côté, adressa à son ami l'adieu suivant avec lequel je finirai ce chapitre de la vie de mon héros :

Cette semaine, le Théâtre-Français a passé des mains de M. Ars. Houssaye aux mains de M. Empis. M. Arsène Houssaye emporte tous les regrets. C'est un bel esprit, facile à vivre, et plein de ce gracieux

(1) Simonis (Adolphe-Dominique-Florent-Joseph), dit Empis, né à Paris le 29 mars 1795.

abandon qui réussit souvent, tout autant que le zéle
le plus assidu et l'application la plus violente. I]
était plus qu'habile, il était heureux ! La chance a
tourné de son côté plus d'une fois, au moment où
chacun la croyait contraire. Au reste, il tenait à sa
charge bien moins que la charge ne tenait à lui-
même ; il savait qu'après tout, ces périlleuses positions ont une fin, qu'il n'est pas sage de s'arranger
pour y vieillir, et que les muses clémentes l'atten-
daient au seuil de sa maison. M. Arsène Houssaye
revient aux arts, sa vraie patrie, et aux lettres, sa
vraie passion. Bien finir, dit le philosophe ancien !
M. Arsène Houssaye a bien fini, mais il avait bien
commencé. Il a porté la jeunesse dans le vieux
Théâtre, il a honoré pieusement les dieux anciens, il
a ouvert la porte aux nouveaux. Il n'avait plus qu'à
s'en aller, car il n'est pas de ceux qui s'endorment
sur leurs lauriers.

Il est parti laissant avec son souvenir aimé et fêté,
des œuvres toutes vivantes encore.

Quelques jours après sa retraite, Arsène
Houssaye fut mandé par le Ministre en son
cabinet. Celui-ci voulait faire rentrer à la Comédie l'ancien Directeur, qui n'accepta point, et il
avait raison. Alors le Ministre lui proposa d'entrer au ministère d'Etat. « Vous ferez, lui dit-il,
un excellent Directeur des Beaux-Arts. » —
Peut-être, mais je ne suis pas bureaucratique.

— « En attendant, continua le ministre, comme

je voudrais que l'Etat eut une action sur tous
les musées de France, je vous nommerai, si vous
voulez, Inspecteur général des Beaux-Arts, ce
qui prouvera que ce n'est pas la Comédie qui
vous a quitté. »

Ars. Houssaye ne pouvait pas refuser ; c'était
d'ailleurs pour lui l'occasion de se promener à
travers les chefs-d'œuvre ; le poète et le romancier devaient se réjouir.

VI.

La plume brûlait les doigts d'Ars. Houssaye.
Depuis 1849, il n'avait écrit qu'un ou deux
volumes. Au Théâtre-Français, il était trop
occupé des œuvres des autres pour songer aux
siennes. Pendant les années de sa direction
avaient parus : d'abord, *le Voyage à ma fenêtre*,
série de rêveries philosophiques et mondaines
sur un balcon ; puis le fameux volume, *l'Histoire du Quarante-et-unième Fauteuil de l'Académie
française*. Cet ouvrage est certainement un des
meilleurs d'Arsène Houssaye. Il eut beaucoup de
succès et, en 1862, H. Plon en faisait paraître
une sixième édition in-8°, avec cette note datée
d'octobre 1858 :

Il y a des livres heureux. L'auteur croyait celui-ci
destiné à distraire les curiosités littéraires, mais voilà
que le public tout entier le prend et le protège.

Est-ce pour se railler de l'Académie ? On l'imprime, on le réimprime, on l'imprime encore ; c'est la quatrième fois en moins de deux ans. Chaque fois que l'Académie élit un immortel plus ou moins inconnu, on veut saluer ces radieuses figures du *Quarante-et-unième Fauteuil* qui se sont passées d'oraison funèbre. En un mot chaque fois que l'Académie a tort, l'auteur a raison. J'ai bien peur que le succès de *l'Histoire du Quarante-et-unième Fauteuil* ne dure longtemps encore. Ce sera la faute de l'Académie..... ou du public.

En 1894, les éditeurs Charpentier et Fasquelle publiaient une édition in-18 définitive du *Quarante-et-unième Fauteuil,* à laquelle Arsène Houssaye avait ajouté des articles sur *Alexandre Dumas, Théophile Gautier, George Sand, Michelet* et *Paul de Saint-Victor.* Armand Sylvestre, dans un article intitulé : « Causerie académique », salue par les lignes suivantes, l'apparition de la nouvelle et dernière édition de ce livre :

Arsène Houssaye, toujours jeune, vient de publier une nouvelle édition de son livre célèbre : *Histoire du Quarante-et-unième Fauteuil de l'Académie française,* accru de quelques pages nouvelles pleines de verve et de fantaisie. Il n'y a vraiment que les poètes, c'est à dire ceux qui ont beaucoup vécu d'idéal, pour vieillir avec cette sérénité et sans avoir rien perdu des vaillances d'autrefois. Cet écrivain charmant qui a fait d'excellents vers est, en même temps, un merveilleux philosophe. Sur un oreiller plus doux que celui de Montaigne, — car il est fait de rêve et non de doute — il s'endormira dans un sourire, non encore cueilli au bouquet d'Anacréon et dont sa gerbe d'argent sera fleurie.

Commencée au temps où Victor Hugo se présentait à l'Académie trois fois, comme Pierre Corneille, avant que les portes ne s'en ouvrissent pour lui, *l'Histoire du Quarante-et-unième Fauteuil*, fut achevée en 1855, place Vendôme. Arsène Houssaye y habitait alors, dans un hôtel de M. Edouard Fould, un appartement que Mme de Montijo avait occupé avec sa fille, depuis, l'Impératrice Eugénie. C'est là qu'il s'était réfugié, fuyant son petit château de Beaujon, sur lequel venait de s'abattre un deuil cruel. Le 12 décembre 1854, en effet, mourait sa première femme, Mademoiselle Anne-Stéphanie Bourgeois (1), qui, rue de Lille, avait donné le jour, le 24 février 1848, à Georges-Henry Houssaye, l'Académicien d'aujourd'hui et le meilleur des livres de son père qui a dit : « C'est

----

(1) Sa mère, Mme Edmée Brucy, avait épousé M. Bourgeois, propriétaire à Vézelay, chef-lieu de canton, arrondissement d'Avallon (Yonne). M. Bourgeois a été le subrogé tuteur d'Henry Houssaye.

mieux encore de faire des hommes que des volumes » (1).

En tête de l'*Histoire du Quarante-et-unième Fauteuil*, Houssaye avait écrit cette dédicace à sa femme :

Je vous dédie ce livre
A vous
Qui avez été l'âme de la maison
Qui m'appelez dans la maison de Dieu
Qui êtes partie avant moi
Pour me faire aimer le chemin de la mort,
Vous dont le souvenir est doux
Comme le parfum des rêves regrettés,
Vous qui avez mis des enfants dans la maison,
Vous qui ne reviendrez pas
Mais qui avez toujours votre place au foyer
Vous qui avez été
La muse, la femme, la mère,
Avec les trois beautés
La grâce, l'amour et la vertu
A vous
Que j'ai aimée, que j'aime et que j'aimerai (2)

(1) Une petite fille était née, quelque temps auparavant. Ars. Houssaye habitait alors le numéro 90 de la rue du Bac Cette enfant est morte dans sa troisième année.

(2) Dans l'*Histoire de ma plume*, Ars. Houssaye nous apprend qu'il a mis cette même dédicace à son livre *Les destinées de l'âme*. — Deux fois valent mieux qu'une. — Il faut cependant prendre garde d'abuser.....

Ars. Houssaye s'est remarié en secondes noces avec

Ce qui n'empêcha pas que, très peu de temps après, notre héros entrait à vif dans une passion dont il parle précisément au Livre XXIII du Tome III des *Confessions*. Le chapitre est intitulé l'*Abyme*, et vient immédiatement après celui consacré à sa femme, qui est intitulé : *Comment il faut pleurer les morts*. — Oh ! les poètes ! Que ne faut-il pas leur pardonner ! Je veux parler de Marie Garcia qui habitait alors un petit appartement très gai, rue Mazagran, où elle vivait avec « une tante très distinguée, qui passait tout son temps à lire des livres sérieux ». Henry Houssaye, enfant, était alors chez sa tante, Madame Bonnemain, née Ludivine Housset, le 18 octobre 1831. M. Bonnemain était sous-préfet de Château-Gonthier. Dans cette aventure amoureuse, Houssaye, qui ne s'en cache pas d'ailleurs, se laissa glisser sur une pente si rapide, qu'un beau matin il se réveilla chez lui avec Marie Garcia. Elle trouva cela tout naturel, à ce point qu'elle dit à son ami : « Je ne veux plus jouer la comédie ; je veux vivre pour toi

Mademoiselle Marie-Jeanne-Nathalie Belloc, qui mourut à Paris le 13 septembre 1864. Elle était fille de M. Iréné Belloc, négociant à Paris, rue de Courcelles n° 48. De ce mariage est né René-Albert-Manoël Houssaye, le 4 mai 1864, décédé en 1888.

jusqu'à la fin des siècles. » C'était un peu long, mais Houssaye ne voulut pas la contrarier dans ses idées d'éternité. Il tenta donc avec Marie Garcia une chose impossible : désarmer les sévérités de l'opinion. Mais, ajoute-t-il, *là où ne flotte pas l'écharpe de M. le Maire, Paris lui-même ne permet pas d'être heureux.* Marie Garcia était d'une ravissante beauté et elle eût, comme cantatrice et comédienne ensuite, de très réels mais très passagers succès. Dans ses *Camées parisiens*, Théodore de Banville, avec la pointe diamantée de sa plume, en a dessiné le portrait suivant : « Hofer a peint pour la postérité cette rêveuse tête d'Ophélie, mais d'Ophélie heureuse, montrant sur sa peau de rose le duvet pourpré de la jeunesse ! La chevelure noire, ondée et tumultueuse comme la mer, se ploie en bandeaux irréguliers et s'échappe en longues boucles d'un prestigieux caprice. Le nez terminé par une narine délicieuse est celui de la Polymnie. Les yeux baissés, aux grands cils, semblent des têtes de colombes. La bouche ! C'est le vivant carmin des lèvres que peint Mignard. Le menton est parfait, les mains blanches et divines déchirent une fleur avec curiosité, et l'on voit les épaules d'une Cypris et la naissance d'un sein pétri avec la neige des sommets sacrés ! »

Il était vraiment impossible de ne pas aimer
une si adorable créature. C'eût été presqu'une
faute. Hélas ! cet amour ne devait pas durer
longtemps, et un triste nuage allait bientôt voiler
ce rayon de soleil. Marie Garcia, atteinte de la
poitrine, alla demander quelques forces aux eaux
des Pyrénées (Eaux-Bonnes) ; mais le mal était
plus fort qu'elle et, le 12 décembre 1862, elle
éteignit ses lèvres sur un crucifix d'argent. Dans
les lettres de Mademoiselle Marie Garcia on a
trouvé ce sonnet inachevé :

Adieu, je vais mourir, ma blancheur de statue
Me fait songer au lit de marbre du tombeau.
Mon pauvre cœur brisé m'échappe.....
Et je ne te sens plus en mon âme abattue.

Ma voix qui te chantait l'amour déjà s'est tue,
La colombe revêt la robe du corbeau ;
Adieu ce qui fut doux, adieu ce qui fut beau !
Adieu tout ce que j'aime, adieu tout ce qui tue !

Tu m'as donné l'amour, et j'ai vécu par toi ;
L'amour donne la mort aux femmes comme moi.
Qu'aimais-tu donc, payen ? Ma beauté périssable ?

Tu voulais la moisson des roses et des lis,
C'est la mort qui me fauche ! Adieu, car je pâlis,
Je te lègue un cyprès, une ombre, un grain de sable.

En 1864, paraissait, édité par Michel Lévy, un charmant petit in-4° ayant pour titre *la Confession d'Antonine*, par Mlle Marie Garcia (1). Un portrait de l'auteur par Adrien Nargeot, un autre de Hofer, celui-là même dont parle Th. de Banville, orne ce volume. Une préface de Léon Gozlan : *A Madame Marie Garcia, dans l'autre monde*, précède les lettres écrites des Eaux-Bonnes. A la fin du livre, une notice sur Marie Garcia par Mme Jeanne Favre. Je cite seulement les dernières lignes de Gozlan :

Vous revites encore, chère morte, les arbres de Beaujon, vous qui aimiez tant les arbres ; mais le vent les avait dépouillés de leur chevelure verte ; il faisait froid dans votre oasis ; le feu ne pouvait plus vous réchauffer, vous le savez. Ce que vous ne savez pas, sans doute, c'est qu'au moment où vous pâlissiez comme lui, regardant la cheminée et vous regardant vous-même, votre dernière parole fut : « Mon ami, le feu s'éteint ! » Il n'allait plus être nuit ; au jour le feu et vous n'étiez plus que de la cendre.

Il était dans ma destinée de perdre, dans cet îlot

(1) A mon avis ce volume est simplement d'Arsène Houssaye. L'appendice, par Madame Jeanne Favre, est reproduit mots pour mots dans les *Confessions*, ainsi que le sonnet dont le troisième vers est ainsi *achevé* :

Mon pauvre cœur brisé m'échappe par lambeau.

Ars. Houssaye était bien le fantaisiste par excellence !

de verdure, deux êtres à jamais chers à mes meilleurs souvenirs : vous, la grâce faite femme ; lui, Balzac, le génie fait homme. Si vous le revoyez là-haut dans le monde des esprits, volez de votre plus doux vol vers lui ; parlez-lui de vos plus suaves paroles ; remerciez-le de votre plus tendre merci ; car il pensait à vous, car il écrivait pour vous quand il animait de son souffle chaud et fécond quelques-unes de ces adorables créations de femmes qu'il n'avait jamais vues. Il verra en vous son plus beau rêve, celui qu'il ne devait continuer que dans le ciel, la patrie réelle de l'idéal.

Eh bien, vous aussi, cher mort, volez de votre plus doux vol vers celle que vous avez aimée tendrement ; parlez-lui de vos plus suaves paroles ; appelez autour de vous les Dumas, Nieuwerkerke, Delacroix, Meyerbeer, Scribe, Gérome, Augier, Gounod, Albéric Second, Jules Sandeau, A. de Musset, Pradier, Diaz, Rachel, votre auréole terrestre ; et souvenez-vous que vous avez écrit : *Les grandes passions prennent leur source dans l'amour, et se jettent dans la mort.*

VII.

« J'ai, écrit Houssaye, bâti trois châteaux en
Champagne, moi qui n'aurais jamais dû bâtir
que des châteaux en Espagne. Ma plus célèbre
demeure fut l'hôtel double de l'avenue Friedland,
hôtel Renaissance et hôtel Vénitien, où j'ai
donné des fêtes légendaires ». On a beaucoup parlé, en effet, en leur temps, de ces
redoutes vénitiennes où figurait le *Tout Paris*
élégant et mondain, où la beauté était de rigueur
sous le masque. Ces soirées ne ressemblaient
en rien aux autres. Dans les salons de l'avenue
Friedland, on rencontrait toutes les célébrités
du moment, y compris Alexandre Dumas père.
Il me fut donné de l'y admirer un soir porteur
d'un gilet blanc qui, certes, datait de sa pre-

mière jeunesse, et d'un habit dans les manches
duquel il avait dû ne pénétrer qu'au prix des
plus cruels efforts. Mais s'il était à l'étroit
dans ses vêtements, ce merveilleux conteur
était au large dans son esprit, et toujours
prêt à tirer un feu d'artifice qui ne se composait
que de soleils et de bouquets.

La dernière fête de l'avenue Friedland eût lieu
en 1869 (1), et le *Figaro* d'alors en parla en
ces termes :

Arsène Houssaye a clos hier la série de ses fêtes
vénitiennes, comme Bonaparte la campagne d'Italie
— par un coup de tonnerre, — c'est à dire un bouquet de femmes des deux mondes, toutes jeunes,
toutes belles, comme dans l'opéra de Grétry, paroles
de Sedaine.

(1) D'autres fêtes ou plutôt des essais d'autres fêtes
furent repris vers 1880, alors qu'Arsène Houssaye habitait
le premier étage d'un hôtel ouvrant à la fois sur l'avenue
des Champs-Élysées et la rue Bel Respiro. J'ai sous les
yeux une invitation adressée à un compatriote laonnois,
dans laquelle l'hôte illustre écrit : « Venez, vous verrez
chez moi tous les mondes et tous les partis. Vous y
rencontrerez le Comte de Paris et Rochefort. » — Un
peu plus tard, il annonçait avec le même éclectisme, le
général Boulanger. Illusion ! Tout était illusion ! — Les
visiteurs n'ont trouvé ni le Comte de Paris, ni Rochefort,
ni même Boulanger. Mais il y avait, ce qui remplaçait tout,
le large sourire et l'aimable accueil du maître de logis.

Puis vint l'année terrible, pendant laquelle le fils d'Ars. Houssaye, âgé alors de 22 ans, et ne songeant guère à l'Académie française, mena la courageuse et patriotique conduite que chacun sait. Nommé, par décret du 7 août 1869, sous-lieutenant au 4ᵉ bataillon de la garde mobile de la Seine, il fut confirmé dans son grade, par l'élection, le 19 septembre 1870. Il devint officier d'ordonnance du colonel Champion, commandant la première brigade de la 3ᵉ division du corps de la Rive-Gauche, en vertu d'une lettre de service du 17 novembre 1870. Enfin, par décret du 28 octobre 1871, il fut nommé, en récompense de ses brillants services, chevalier de la Légion d'honneur. Ce fut à son épée qu'il dût cette distinction, c'est à sa plume qu'il est redevable d'un plus haut titre.

Le 4 octobre de cette année 1871, Arsène Houssaye avait créé la *Gazette de Paris*. Malgré la collaboration de plusieurs écrivains, pour la plupart célèbres, ce journal quotidien n'eut aucun succès et, quelques mois après son apparition, il fut vendu probablement pour le prix du papier qui restait en stock. Si cette feuille éphémère rendit vite le dernier soupir, le journal l'*Artiste*, lui, vivait toujours. Les livraisons, en 1873, portaient cette modification : « Paris, Champs-

Elysées, avenue Friedland, 49, et à la Librairie
nouvelle. » En 1865, la même adresse s'y trouvait,
mais, au lieu du n° 49, c'était le numéro 183.
La plume d'Ars. Houssaye y écrivait de nombreux articles. On pourrait même dire qu'il en
était presque l'unique rédacteur, sous des noms
différents. La Causerie littéraire était signée
R. de la Ferté ; des Variétés étaient rédigées par
lord Pilgrim ; des Profils littéraires étaient
esquissés par *Henri Trianon*, et la Chronique
de chaque fascicule avait pour auteur *Pierre Dax* ;
autant de pseudonymes d'Ars. Houssaye, avec
le *Valet de Carreau* et *Octave de Parisis*. Parlerai-je
en détail des ingénieux et spirituels articles
que ce fécond écrivain y semait çà et là ?
A ne prendre que la 43ᵉ année de ce journal
(1873), n'est-ce pas au cours de celle-ci que je
puis citer les jolies pages intitulées : Lettres
persanes, un Chapitre de roman, les Artistes
étrangers, la Vie et l'Œuvre de Jacques
Callot, Alexandre Dumas Iᵉʳ, Roméo et
Juliette, comédie en un acte jouée pour la
première fois, en 1852, chez le duc de Morny,
et qui alla échouer à l'Ambigu en 1873 ; un
Pélerinage de la reine Blanche a Bruyères
avec la note que voici : « La montagne de la
vallée de Valbon appartenait originairement à la

famille Houssaye ; en 1868, M. Ars. Houssaye a racheté l'ancienne chapelle en ruines, pour y élever un souvenir à Blanche de Castille. » — Que ne peut-on pas écrire avec l'imagination d'un poète !

Dans le volume de 1873, je détache encore ces lignes d'un article signé AR-H-YE :

En 1875, nous déjeunions tous les jours vers midi au café Foy, sous l'hirondelle bleue de Carle Vernet. Les membres de cette académie s'appelaient Albéric Second, Ed. Houssaye, Roqueplan, X. Aubryet, Banville, Th. Gautier, çà et là, Clésinger, Dumas, Augier, About et Ponsard. Ces séances duraient une heure et coûtaient cent sous, mais on dépensait beaucoup plus d'esprit et de gaieté que d'argent. Cela a été la fin du café Foy. Nous étions trop bruyants pour ses pacifiques habitués ; nous nous envolâmes un beau jour sans savoir pourquoi.

C'est aussi dans une de ces causeries : LES COLLECTIONNEURS D'ESTAMPES, que je relève ces aphorismes :

— Si vous avez un chef-d'œuvre que vous voulez vendre, cachez-le.

— Comme la femme, l'art a sa virginité.

— N'oubliez jamais, vous qui baptisez vos tableaux, sans les faire plus chrétiens pour cela, que chaque siècle produit des milliers de peintres de talent dont le nom n'est pas venu jusqu'à nous.

Enfin, dans un article intitulé : L'Esprit de Roqueplan, je lis cet amusant passage :

Quand M. de Morny donna sa démission de ministre de l'Intérieur, il écrivit à Roqueplan et à Houssaye, l'Opéra et le Théâtre-Français, de venir le voir à minuit. Houssaye arriva le premier. -- « Je suis encore ministre jusqu'à l'aurore ; que puis-je faire pour vous ? » — « Me donner un cigare. » — Roqueplan arriva à minuit et demi. Même question. « Nous allons voir, ajouta M. de Morny, si vous êtes aussi ambitieux que Houssaye. » — « Plus ambitieux. » — « Parlez, que voulez-vous ? on contresignera mon testament ministériel à l'Élysée. » — « Je suis sûr que Houssaye vous a demandé une tasse de thé ; eh bien, moi, je vous demande un cigare. »

Je pourrais prolonger à l'infini ces citations, le lecteur comprendra qu'il faut cependant s'arrêter. Qu'il me suffise de dire que presque chaque page de *l'Artiste* est marquée du sceau finement ciselé d'Ars. Houssaye, qui dépensa sans compter sa verve et son talent pour ce journal qu'il aimait en véritable père.

En 1875, le Théâtre suivit l'exemple du Journalisme, aux mains malheureuses duquel Arsène Houssaye n'avait pu résister lorsqu'elles s'étaient tendues vers lui. L'ancien directeur de la Comédie-Française pouvait, bien moins encore, opposer un refus à ce dieu qu'il avait si complaisamment servi et adoré pendant longtemps. Aussi, le 15 juillet 1875, Houssaye acceptait-il d'être le Directeur du Théâtre national lyrique. Mais, là encore, il rencontra de grandes difficultés pour l'organisation de cette scène. Vaincu par elles, il donna sa démission le 30 octobre. Il devait désormais marcher de déboires en déboires.

L'année suivante, le 8 juin 1876, il se présenta à l'Académie française. Il avait pour concurrent au fauteuil de M. Patin, M. Boissier. Ce dernier fut élu : onze voix furent recueillies par l'auteur du *Quarante-et-unième Fauteuil* qui dût prononcer, comme Jules Janin, son discours de réception « à la porte de l'Académie française. »

Depuis 1844 (15 juillet), Arsène Houssaye était devenu membre de la Société des gens de lettres, où l'avaient présenté Henri Cellier et Marc Fournier. Dans l'assemblée générale du 16 mai 1852, il avait été nommé membre du Comité par 61 voix sur 76 votants, et cela pour un an. A la réunion du 25 mars 1877, 75 voix sur 130 votants l'appelaient à la même fonction pour deux années. Le 26 mars 1882, 99 suffrages sur 119, l'y confirmaient pour trois ans. Enfin, le 31 mars 1884, il était appelé à la présidence de cette Société, où il fit beaucoup de bien. Il la garda jusqu'au 13 avril 1885. On lit dans l'*Histoire de la Société des Gens de lettres*, d'Édouard Montagne :

Depuis la création de la caisse des retraites, par une générosité qui les honore, certains sociétaires abandonnent le produit de leur pension, soit pour augmenter la masse, comme MM. Jules Lacroix et Alexandre Dumas fils, soit pour être distribués en prix annuels à l'exemple de MM. Eugène Bonnemère (8 janvier), Jules Simon (2 avril), Arsène Houssaye (10 décembre). La somme ainsi distribuée par le Comité, au nom de confrères si charitables, s'élève à 500 francs pour chacun d'eux.

Le 23 novembre 1885, le Comité décida de s'adresser aux familles de ses membres marquants pour en obtenir les bustes ; il reçut la réponse suivante d'Arsène Houssaye :

Cher ami,

Je suis bien touché de votre souvenir. Je vous donnerai mon buste en bronze avec marbre, pour témoigner ma reconnaissance à mes confrères qui m'ont élu Président et Président honoraire.

Vous aurez sous les yeux un homme de bonne volonté, qui a traversé toutes les fortunes et qui a fini par reconnaître, comme il vous l'a dit déjà, que la meilleure des Sociétés était la Société des Gens de lettres.

Cordiale poignée de mains à tous mes chers camarades.

ARS. HOUSSAYE.

La soixante et onzième année avait sonné pour Arsène Houssaye, mais son cœur, son esprit restaient toujours jeune et vif. L'heure du repos ne devait jamais venir pour lui, et le travail était, pour ce Maître, un véritable jeu. Comme Boufflers écrivant la *Reine de Golconde*, il pouvait dire : « Ce n'est pas moi qui conduis ma plume, c'est ma plume qui conduit ma main. » C'est elle, en effet, qui lui fait écrire ses *Confessions*, mémoires d'outre-tombe, comme il les appelle, que l'éditeur Dentu offre au public en 1885, sous la forme de quatre volumes in-octavo.

Ces volumes devaient comprendre et fermer le cycle entier de la vie du poète, puisqu'on lit, à la fin du quatrième, les lignes suivantes, après lesquelles il semble qu'il n'y avait plus rien à ajouter :

Celui qui s'est appelé Arsène Houssaye, qui a fait son entrée dans le monde à ce bal célèbre du duc d'Orléans où on a dansé sur un volcan, celui qui hier encore traversait, souriant et barbe blonde, une fête de l'Élysée, s'est condamné à la plus austère thébaïde. Il se retire du monde presque dans l'autre monde. Il s'est bâti une solitude impénétrable pour s'habituer aux sombres avenues du tombeau. Et l'auteur des *Destinées de l'âme,* de dire : « Le sage doit partir du salon de la vie, comme un homme d'esprit sort d'un salon mondain, sans faire de bruit ; mais il y a des gens qui ne savent pas s'en aller. Pour moi, j'ai médité de quitter le monde sur ces quatre volumes de mémoires, mais j'ai bien peur qu'on ne me dise un jour, comme autrefois Madame Sophie Gay à Sainte-Beuve : « Vous n'avez pas encore le droit de partir. » — Après tout je ne serai pas fâché d'attendre encore, s'écrie-t-il gaiment.

Ce ne fut, en effet, qu'une fausse sortie. Le 25 octobre 1890, Alexandre Dumas fils, écrivait de Marly-le-Roi, au soi-disant ermite de l'avenue Friedland :

Mon cher ami, vous me demandez si vous devez continuer la publication de vos mémoires, ou plutôt de vos *Confessions*. Je serais bien maladroit et bien ingrat si je ne vous conseillais pas de continuer. D'abord, j'ai pris le plus grand plaisir à la lecture de ces volumes ; ensuite j'y ai trouvé, maintes fois, le nom de mon père et le mien, escortés des considérations les plus amicales et les plus flatteuses. Il est vrai que vous appartenez, parmi les cadets, à cette grande génération, dite de 1830, à qui les fées d'alors, bien fatiguées aujourd'hui, avaient accordé, avec la persistante jeunesse du corps, l'éternelle jeunesse des sentiments. Vous aviez l'enthousiasme, la foi, l'amour de l'idéal, ce qui n'excluait pas les robustes amours de la réalité. Enfin, vous aviez par excellence, les uns pour les autres, ce qui devient de plus en rare, l'amitié. Plus l'un de vous s'élevait, plus les autres l'aimaient et chantaient ses louanges. L'émulation y gagnait, la rivalité n'avait rien à y voir. La génération suivante, dont je suis, n'a pas suivi ce bel exemple, et celle qui nous succède ne paraît pas devoir le remettre en vigueur. L'individualisme s'étale sur toute la ligne, et la lutte pour la vie accomplit son œuvre, surtout dans la littérature. C'est à qui dévorera son voisin, et l'esprit de commerce s'est presque complètement substitué au commerce des esprits.

C'est sur cette belle lettre (je voudrais pouvoir la citer en entier), que s'ouvre le cinquième volume des *Confessions*, suivi presque aussitôt du sixième et dernier, en 1891. Le lecteur n'attend pas de moi l'analyse de cet ouvrage. Je ne lui donnerai qu'un conseil, c'est de le lire : il y trouvera un charme tout particulier, et les détails sur Rachel, A. de Musset, Victor Hugo, les salons du second empire, et que sais-je encore, captiveront certainement son esprit ; et sa curiosité ira toujours croissant, au fur et à mesure des pages tournées.

Ces « Confessions » furent chaudement accueillies par la Presse, et c'est à l'un des plus anciens amis de Houssaye, à Théodore de Banville, que j'emprunte l'étude la plus fine sur ces six volumes :

En dépit des chefs-d'œuvre dont les noms sont sur toutes les lèvres, depuis que le monde existe,

Arsène Houssaye est, à ce que je crois, le seul homme qui se soit trouvé dans les conditions nécessaires pour pouvoir écrire un livre intitulé : *Confessions*. En effet, comme la vie prend nécessairement du temps, quand un homme arrive à pouvoir raconter sa jeunesse, il est vieux ; il est un vieillard racontant les impressions d'un jeune homme qui n'est plus lui, qu'il ne connaît plus, et auquel il ne comprend rien. Ici, le cas est tout autre. Par un prodige absolument inouï, par une exception qui ne se produit pas une fois tous les cent ans, Arsène Houssaye, après un demi siècle d'une existence mouvementée et célèbre, est resté jeune, non pas conventionnellement en vertu d'une convention madrigale, mais réellement et au pied de la lettre.

Cela tient à une conception de l'existence très particulière, qui fait de lui un être très spécial et plus original sans doute qu'il ne croit l'être. Il y a des médecins qui ne tuent pas leurs malades et même les guérissent ; ce sont ceux qui ne professent aucun système et qui prennent les accidents comme ils se produisent, en tâchant seulement de donner au patient la force de les supporter. C'est ainsi qu'Arsène Houssaye a fait avec les accidents de l'existence, les acceptant sans discussion, avec une extraordinaire souplesse, en s'appliquant seulement à en tirer le meilleur parti possible. Ce qui nous vieillit, ce qui nous brise, ce qui nous tue, c'est les luttes que nous soutenons contre l'inéluctable destinée, et dont nous sortons vaincus et terrassés. Mais ce poëte a bien plus embarrassé la féroce déesse en lui obéissant toujours, et en lui disant avec tranquillité : Comme tu voudras !

Si Arsène Houssaye a eu le droit d'écrire ses *Confessions*, c'est qu'il avait quelque chose à confesser ; car il a tout vu, tout connu ; il a vécu dans tous les mondes et même hors du monde ; il a vendu ses livres aux prix de lord Byron, mais surtout il a continué toujours à faire des vers, ce qui guérit les poètes de tous les maux, comme le baume de Fierabras guérit les blessures. Grâce à sa structure héroïque, il était déjà un jeune homme à l'âge où d'ordinaire on est encore un enfant ; il a tout vu et sait tout raconter. Il était au bal du duc d'Orléans ; il a été arrêté comme émeutier au convoi du général Lamarque et menacé du conseil de guerre. Il a vu Jules Janin aimé d'une marquise ; et il a pu voir, dans le salon de l'Abbaye-au-Bois, le grand Chateaubriand tristement assis en face Madame Récamier. Il parait que ces deux êtres immortels s'ennuyaient beaucoup ensemble, en quoi ils étaient injustes ; car la belle dame pouvait entendre causer le plus habile constructeur de phrases qui fut jamais, et le poète avait le droit de contempler sans cesse la seule femme qui ait jamais eu un col de cygne, autrement que par métaphore.

Dans l'intervalle qui sépare l'apparition des quatre premiers volumes des *Confessions* des deux derniers, Arsène Houssaye avait eu l'idée de créer une nouvelle publication, et le premier numéro de la *Revue de Paris et de Saint-Pétersbourg*, parut le 15 octobre 1887.

L'annonce, qui sentait un peu la réclame, en avait été faite dans la forme suivante :

LA REVUE DE PARIS ET DE SAINT-PÉTERS-BOURG paraît le 10 de chaque mois, sous la direction littéraire de MM. Arsène HOUSSAYE et Armand SYLVESTRE.

Ses Rédacteurs sont les maîtres de la littérature française contemporaine — et les principaux écrivains de l'Étranger.

La REVUE DE PARIS ET DE SAINT-PÉTERS-BOURG n'est l'organe d'aucun parti politique.

TOUS LES ARTICLES : CRITIQUE, CHRONIQUE, POÉSIE, ROMANS, etc., *sont publiés au complet en un seul numéro.*

Il est fait un tirage spécial sur Papier de Hollande, portant imprimé, sur chaque exemplaire, le nom de l'abonné.

L'abonnement, sur papier ordinaire était de 30 francs par an pour la France, de 35 pour l'Étranger ; et ces prix, pour l'édition de luxe sur Hollande, étaient uniformément élevés à 100 francs.

Le format de la *Revue* était le Jésus g^d in-8° ; et ses dimensions dépassaient ainsi celles de la *Revue des Deux-Mondes*, du *Correspondant* et de la *Nouvelle Revue*.

Le siège de l'administration et les Bureaux de rédaction étaient 14, rue Halévy, à Paris.

Le prospectus n'avait, en réalité, rien dit de trop en annonçant que les rédacteurs étaient « les maîtres de la littérature. » Ars. Houssaye y apparaît non seulement sous son nom, mais sous les pseudonymes de *Rhadamante*, *Alceste*, *St-Jean*, *Octave de Parisis*, *Rivarolles* ou *Rivarolius*, *Monfleury*, d'autres encore peut-être. Il est à la fois leader, chroniqueur, poète, courriériste, critique. N'est-ce pas lui qui fait, ou du moins qui inspire la politique d'*Alikoff* ; et son flexible talent se plie à ces formes, et se complaît à triompher dans ces taches multiples.

A côté de lui, une phalange de noms connus et de talents éprouvés : MM. A. Dumas, Renan, Barbey d'Aurevilly, Banville, A. Karr, Augier, Cornély, H. Fouquier, Soulary, H. Maret, Villiers de l'Isle-Adam, Pasteur, Bergerat, Magnard, Cléry, Sardou, Colonel Hennebert, Huysmans, Dr Charcot, J. Simon, Andrieux, Coppée, Léon Rameau, etc , etc. On ne saurait vraiment les nommer tous. Il faut cependant donner ici une mention spéciale à mon compatriote Champfleury, qui y publiera des *Souvenirs de Jeunesse*, insuffisamment connus, et malheureusement inachevés.

J'ai, dans ma collection d'autographes, une charmante lettre d'Ars. Houssaye à Alexandre

Dumas fils ; elle trouve sa place ici. Je suis heureux de la mettre sous les yeux du lecteur.

Cher ami,

Les papiers publics vous ont peut-être appris mon plus vif désir.

Oui ! J'espère vous prier de vive voix — mais nous voyageons tous les deux — d'être de la *Revue de Paris*, par vos sympathies et par des pages de vous, — beaucoup ou peu — ce qui sera encore beaucoup, puisque vous êtes partout le fronton du monument.

Je veux que la *Revue de Paris* soit une revanche de toutes les grandeurs méconnues ou opprimées par la sottise du temps. La première idée m'en est venue quand la *Revue des Deux-Mondes* a osé malmener la grande ombre de Dumas Ier. Voilà pourquoi vous voudrez être de cette œuvre de vérité. Donnez-moi un roman ou une préface, ou un conte à la Voltaire ou à la Dumas, ce qui est tout un. Et on vous donnera pas mal d'argent, ou une œuvre d'art digne de votre musée.

Votre cordial ami,

ARS. HOUSSAYE.

Le premier numéro s'ouvre par une lettre : « Simple causerie », dit le titre, en forme de préface, adressée par A. Houssaye à son ami Alphonse Karr. Après avoir évoqué, en quelques traits rapides et charmants, les souvenirs de

leur commune jeunesse, Houssaye dit à Karr :
« L'heure de la retraite n'a pas sonné. La
bataille du Bien et du Mal continue. Nous nous
jetons à nouveau dans la mêlée avec l'ardeur de
nos jeunes années. » C'est dire pourquoi la
Revue est fondée, et à quel but elle tend. Le déve-
loppement en est donné en ces termes : « Ceux
qui ne pensent pas comme nous ne nous accu-
seront pas de mal penser, puisque nous n'avons
qu'un but, celui de relever l'esprit français dans
toutes ses expressions : philosophie, politique,
histoire, beaux-arts, poésie ; car, à cette heure,
la science seule marche et marche bien. » Et
plus loin : « La *Revue de Paris* aura une tribune
pour tous ceux qui ont la fierté du drapeau et
l'inquiétude du lendemain. » L'auteur des *Guêpes*
devait y reprendre ses spirituelles et mordantes
causeries, si pleines d'humour et de traits, sous
un titre en apparence bien bénin : *Les Bêtes à
Bon Dieu.* Mais faut-il s'en tenir aux titres !

Quant à Arsène Houssaye, on le trouve
sculptant, sous le nom de *Rhadamante*, les
marbres littéraires des *Quarante du siècle*, en souvenir sans doute de son fameux *Quarante-et-
unième Fauteuil* académique. La série commence
par Napoléon et Chateaubriand, se continue par
Ingres, Georges Sand, Lamennais (pour qui

Rhadamante a cédé, cette fois, la plume à Esquiros)... après quoi la rubrique disparaîtra, sans qu'on en puisse donner d'autre cause que la fantaisie peut-être lassée de l'écrivain, et ce fond d'inconstance qu'il porta jusque dans le culte des lettres ; — elle disparaîtra, dis-je, pour ressusciter le 25 juillet 1889 — (plus d'un an d'éclipse), avec une étude sur A. de Vigny.

Lorsqu'il s'appelle *Jean de Paris*, il écrit l'histoire au jour le jour, la prenant sur le vif, la fixant d'un trait. Notons celui-ci au passage. A propos d'élection à l'Académie française, on parle, dit-il, de M. Othenin d'Haussonville et de M. Henry Houssaye. « M. d'Haussonville est le fils de son père ; *mais M. Henry Houssaye l'est aussi.* » — C'est fier et juste à la fois. — Et cet autre, qui n'a jamais été (bien qu'il date de dix ans déjà) plus actuel qu'aujourd'hui : « On a, le mois dernier, élevé trente statues aux célébrités inconnues de la France ; mais on a oublié Honoré de Balzac, un romancier dont les idées sont audacieusement démarquées, depuis 25 ans, par toutes sortes « d'illustres maîtres » qui se gardent bien de s'en vanter. » — Et l'on continue à démarquer Balzac... qui continue à attendre sa statue. Il est vrai que Mme Desbordes-Valmore a la sienne !

Il faudrait tout un volume pour établir et pour suivre la *bibliographie* d'Arsène Houssaye, dans la *Revue de Paris et de Saint-Pétersbourg*, tant sous son nom que sous les pseudonymes nombreux dont il embarrasse le bibliographe. C'est une œuvre de détail et de patience qu'il n'est pas possible d'entreprendre ici ; bien qu'elle soit de nature à tenter, et bien faite pour mettre en relief l'admirable flexibilité de ce talent, l'inépuisable fécondité de cette imagination qui touchait à tout, passait, comme en se jouant, d'un sujet à un autre, prêchait et minaudait à la fois, cueillait une fleur de poésie, ou imposait un jugement à l'histoire, et se dépensait sous mille formes diverses, sans que la fatigue se fît jamais sentir, sans qu'on vît jamais le fond de la bourse.

Il est à noter cependant qu'Arsène Houssaye, dans ces nouvelles publiées sous son nom, aime particulièrement à représenter ce Laonnois où il est né ; où il a passé ses premières années, où il a vécu tant d'heures heureuses et où il sait que son souvenir vivra. C'est ainsi qu'il place à Chaumont, près de son cher Bruyères, la scène du drame émouvant de *Jean des Roses* ; que la *Guerre des Violons* a pour théâtre Bruyères même ; que le *Toreador d'occasion* évoque le souvenir de la forêt de Lavergny, où l'auteur raconte, avec plus de brio peut-être que de souci d'une exactitude absolue, les dangers que lui fit courir un taureau dont on avait voulu contrecarrer les velléités amoureuses.

Poète, Arsène Houssaye donne à la *Revue* des œuvres qui devront prendre place parmi les meilleures, les plus pailletées, les plus vibrantes de sa jeunesse. N'est-il pas admirable, par exemple, et pour ne citer que lui, ce tercet du sonnet *La Revanche*, aux soldats de Reichshoffen... et ne pourrait-on pas l'inscrire à Laon, sur le socle du monument élevé à la mémoire des victimes de l'explosion de la citadelle :

> Soldats, vous entendrez du bruit sur votre tombe.
> Le Dieu de la Revanche a béni l'hécatombe.
> L'héroïsme d'hier ne sera pas perdu !

Au mois de décembre 1888, la *Revue de Paris et de Saint-Pétersbourg* subit une première transformation. De mensuelle, elle devient bi-mensuelle, et au lieu de paraître le 15 elle paraît le 10 et le 25 de chaque mois. Les conditions de l'abonnement restent d'ailleurs les mêmes. Seulement, chaque fascicule qui, dans l'origine comprenait 200 pages, n'en compte plus que 100 à 110. La chronique politique, signée jusque-là *Alikoff*, est signée au numéro du 25 décembre 1888, A. Houssaye, et l'auteur y fait un panégyrique des coups d'Etat. « Il y en aura toujours, dit-il, parce que les événements les provoquent et les font éclater pour le salut temporaire des nations. » Le 10 janvier 1889, la signature *Alikoff* a reparu. Il est vrai qu'Arsène Houssaye a, depuis peu, inauguré une nouvelle rubrique : Aux *Quarante du siècle*, interrompus brusquement, comme je l'ai dit plus haut, il a fait succéder *Les Grandes figures*, ce qui laisse plus de marge, et lui a déjà permis d'étudier Marie-Thérèse et Catherine II. A la suite des élections législatives de 1889, la chronique politique sera signée, au numéro du 10 mars : *Un nouveau député*, mais je crois bien que la signature seule a changé, l'écrivain a dû rester le même. La politique a d'ailleurs continué à tenter Houssaye ; — et c'est ainsi qu'il publie des *Esquisses présidentielles*, qui sont un curieux rapprochement entre Dupin, Morny, Gambetta et Floquet.

Arsène Houssaye a-t-il été Boulangiste ? — Je crois qu'il répond lui-même suffisamment à cette question, dans un récit fantaisiste du 10 août 1889, intitulé : *La République des Bêtes*. Révérence parler, c'est la nôtre. La conclusion est celle-ci : « Les bêtes du centre-gauche ont exilé le Généralissime, mais il compte bien revenir pour remettre toutes les bêtes à leur place, selon les décrets de la Providence des bêtes. » L'augure, ici, s'est trompé : le général n'est pas revenu, — pas plus d'ailleurs qu'il n'était venu à une des fêtes de Bruyères, où sa présence avait été pourtant assez bruyamment annoncée.

Au commencement de 1890, la collaboration d'Arsène Houssaye à la *Grande Revue* semble devenir un peu moins active. Deux numéros se succèdent qui ne portent pas son nom. — Par contre et, pour la première fois, on trouve le 25 février 1890, un article d'Henry Houssaye : *Alexandre au temps de Cléopatre.*

Puis, les temps difficiles approchent. Il faut s'ingénier à de subtiles combinaisons financières pour faire vivre la *Revue* à laquelle on a, depuis sa création, infusé beaucoup de sang nouveau, sous forme de rédacteurs venus un peu de tous les coins de la littérature, et que ce sang a peut-être contribué à anémier. C'est ainsi qu'une fusion avec l'*Autorité* ne donne aucun résultat pratique, et que l'œuvre, si vivace à ses débuts, décline de façon lente et continue. La *Grande Revue de Paris et de Saint-Pétersbourg* s'éteignit plutôt qu'elle ne mourut. Son dernier propriétaire fut, si nous ne nous abusons, un coiffeur de la rue du Château-d'Eau qui poursuivait ainsi l'idéal de « l'entrée libre dans les théâtres. » Après tout, chacun protège l'art dramatique à sa manière. On peut dire qu'Arsène Houssaye en avait été l'âme et la force. Mais il n'était pas de ceux qui, dans les dernières années de la vie surtout, peuvent donner à la même œuvre un effort patient et persévérant ; et, le jour où d'autres préoccupations le détournèrent de cette publication périodique, elle fut irrémédiablement frappée du coup mortel. On ne se souvient presque plus aujourd'hui qu'elle ait existé.

Et après la *Revue de Paris*, Arsène Houssaye se perdit de plus en plus « sous la forêt ténébreuse, dans la sérénité des horizons voilés. » Après tous les orages, dit-il quelque part, la douceur de vivre vous vient au moment de mourir ; on se recueille dans la paresse des méditations, on juge sa vie avec sévérité, même si on ne condamne pas les passions qui ont troublé l'âme dans les voluptés corporelles. C'est que de tous les livres, le plus difficile à faire, c'est le livre de la vie ! Bruyères offrit à l'écrivain, au Parisien fatigué, un asile calme et délicieux que, chaque jour, la main du Maître embellissait. Que de fois n'ai-je pas vu Houssaye, avec son grand chapeau de paille, son ample dalmatique rouge, son large pantalon de molleton blanc, surveiller les plantations qu'il faisait de plus en plus nombreuses, autour de son Parisis enchanteur. Il adorait se promener au milieu de son monde de statues parsemées dans son parc ; il entendait tinter la cloche du pays natal ; il voyait sa montagne de Montbérault ; il recevait gaîment et cordialement ses amis ; il était heureux !

C'est à Parisis que J. Peladan, qui en fut souvent l'hôte, écrivit l'*Ecthése d'Istar* ; c'est là que le fidèle et bon Albéric Second venait fréquemment échanger avec son vieil ami les souvenirs de jadis. Arsène Houssaye vivait à présent, entre Bruyères et Paris ; l'hiver au milieu du tourbillon de la capitale ; l'été, au milieu des roses, des genêts et des sapins de la campagne. Après un hiver de « casse-tête chinois », comme il me l'écrivait un jour, il accourait se reposer et méditer dans son petit coin tout parfumé. Il n'y fut cependant pas inactif ; et c'est de Parisis qu'il dicta plus d'une page charmante, c'est de là encore que s'envolèrent, vers le *Journal*, le 28 février 1895, les *Souvenirs de Jeunesse*.

Ces *Souvenirs de Jeunesse* ont paru en volume,
le 25 juillet 1896, et le tome second date du
mois d'octobre de la même année. Dans ces
pages, Ars. Houssaye parle de ses grands contemporains : Madame de Girardin, Jules Janin,
Sainte-Beuve, Lamartine, Victor Hugo, G. Sand,
Chopin, A. de Vigny. C'est une série de portraits d'une couleur assez pittoresque, brossés
avec chic et heureusement profilés. C'est la
réunion des spirituelles causeries de ce spirituel
causeur, des lèvres duquel un mot méchant
n'est jamais tombé. Il est facile, en lisant ces
Souvenirs, de s'apercevoir que leur auteur aimait
par dessus tout à évoquer le passé, à se retourner en arrière, fatigué qu'il était, sans doute, de
regarder sans cesse une actualité déplaisante. On
se prend, parfois, à regretter de ne plus vivre à
une époque autre que celle où l'on s'agite. Ne
vous semblerait-il pas bon, en effet, de vous
trouver au milieu de cette pléiade de gens
d'esprit et de bon ton, dont les salons de
l'Arsenal, par exemple, étaient le rendez-
vous ? Rien n'est plus intéressant que d'évoquer des tableaux évanouis. Il semble qu'on
feuillette un livre d'estampes anciennes. Cette
note est bien celle qui vibre dans la dédicace
de ces *Souvenirs*, que leur auteur adresse à

son ami Camille Rogier, dans les termes que voici :

Mon cher contemporain,

Nous sommes, je crois bien, les seuls survivants de l'époque radieuse du romantisme (1830-1848). Je te dédie ces pages, les dernières, sans doute, que j'écrirai, à toi qui fus une des plus charmantes figures du bataillon sacré. Tu as illustré les *Contes d'Hoffmann*, toi qui contais si bien les *Contes romantiques*. C'est toi qui, le premier, as eu l'idée de vivre en phalanstère dans le vieux Paris, devant le Louvre, dans ce vieil hôtel bien digne de nous abriter tous. Nous l'avons d'ailleurs illustré de peintures plus ou moins étranges, où chacun de nous marquait son style. Il y avait là Gérard de Nerval, Pétrus Borel, Edouard Ourliac, Théophile Gautier, A. Karr, Gavarni, Victor Hugo et tant d'autres. Et maintenant que reste-t-il de tout cela ? Quelques œuvres plus ou moins périssables, un souvenir qui refleurira sous la main des chroniqueurs futurs. Il reste encore notre amitié dont les heures sont comptées. Que ne pouvons-nous retourner en arrière au lieu de marcher toujours vers le sépulcre ! Comme nous volerions avec joie vers cette glorieuse étape de nos vingt ans !

Arsène Houssaye disait vrai : il marchait vers le sépulcre. S'en apercevait-il donc par instinct, lorsqu'il écrivait à une belle inconnue la lettre dont le *fac-simile* figure en tête de cette étude ? Auparavant déjà, il avait écrit son dernier sonnet, en tournant le feuillet final de ses *Confessions*, après le chapitre *Meâ culpâ*, où se trouve un passage que je crois devoir transcrire ici, parce qu'il a trait à un reproche fréquemment adressé à Arsène Houssaye, reproche auquel il répond, selon moi, victorieusement avec sa plume de poète et la sincérité de son cœur :

Tout en accusant la Fatalité, je reconnais que souvent j'ai suivi lâchement les passions. Non seulement je ne me contentais pas de me faire entraîner par elles, mais je fouettais allégrement les quatre chevaux du char des folies humaines. Ce dont je dois m'accuser le plus, ça été d'avoir quelquefois profané la religion du souvenir, en m'asseyant trop tôt, après un deuil profond, au gai festin de la vie au jour le jour, oubliant hier pour ne penser qu'à demain. C'est aussi qu'ayant perdu des femmes bien aimées, on m'a revu trop vite en compagnie d'autres femmes, mais ce n'était pas pour oublier. Dieu m'est témoin que nul n'a mieux gardé dans son cœur, l'image des chères disparues. Le prince de Metternich qui s'était marié trois fois, disait en mourant, cette parole toute diplomatique : « Je vais revoir ma femme. » — « Laquelle ? lui demanda-t-on » — « Celle qui m'attend. » A cette question, moi qui ne suis pas diplomate, je répondrai dans l'esprit de Jésus-Christ : « Celles qui m'attendent. » Aussi, dans ma foi vers la vie future, j'entrevois sans trouble le moment où je retrouverai les âmes qui ont été la joie de la mienne, et qui seront jusqu'au dernier jour les lumières de

mon cœur. Les roses rient sur les tombeaux. La vie
rit dans les bras de la mort. Combien de tombeaux
dans le cœur, combien de sourires sur les lèvres !
C'est que le cœur, cette parcelle divinisée de la nature,
refleurit toujours après la mauvaise saison, comme
refleurit la vallée après les neiges de l'hiver.

Et laissant là la prose, Arsène Houssaye
rime son dernier sonnet :

Acteur et spectateur du théâtre du monde
J'ai tout vu. J'ai joué mon rôle avec gaîté
D'esprit, sinon de cœur, en toute liberté,
Courant la passion, seule muse féconde.

William Shakespeare a dit : Perfide comme l'onde !
La femme me fut douce et bonne en sa beauté,
Fleur de vie et de mort, vigne de volupté
Où j'ai trop vendangé d'une main vagabonde.

Mais la vendange est faite : Adieu la vigne, adieu !
Le Drame de la vie aboutit à la tombe :
Quittons la scène avant que la toile ne tombe.

L'auteur de cette pièce est le poète Dieu,
Un poète inouï dont l'œuvre est mes délices ;
Et je vais l'applaudir jusque dans les coulisses.

Les hivers allaient devenir rudes et difficiles
pour l'octogénaire Depuis quelques années déjà,
une bronchite s'emparait de lui à l'entrée de la
mauvaise saison, et certains signes extérieurs

indiquaient que des précautions rigoureuses devaient être prises par celui qui, jusqu'alors, avait opposé victorieusement sa force à la redoutable puissance des ans. Sans doute, il semblait que l'âge n'avait touché Ars. Houssaye qu'avec respect ; le temps avait posé sur son front sa couronne de neige ; mais le visage, épargné par les rides, avait conservé la pureté de ses lignes. L'intelligence était toujours à son poste, mais la voix faiblissait un peu, la vue était presque perdue ; il fallait un rien pour briser cette saine et robuste constitution. Heureusement, des soins touchants, inspirés par l'amitié la plus fidèle et la plus attentive, lui permettaient d'oublier cette infirmité, et jusqu'au dernier jour il a pu accomplir sa tâche qui le consolait de sa vie devenue plus solitaire et plus concentrée.

L'hiver de 1895 devait avoir raison du vigoureux vieillard qui, séduit par le soleil faisant, en février, présager un printemps précoce, formait encore, malgré l'indisposition qui allait le forcer à s'aliter, le projet d'achever à Bruyères, ce séjour si aimé, sa convalescence au milieu de ses souvenirs d'enfance, de ses bonnes et sincères amitiés. Ce projet n'a pu, hélas ! être réalisé, et malgré sa vaillante lutte contre le mal, Arsène Houssaye, bâti pour aller jusqu'à cent ans, ne put triompher de la forte grippe qui, peu à peu, s'aggrava au point de l'emporter. Une brève accalmie cependant, s'était produite, mais le malade qui s'était beaucoup affaibli, ne reprit pas le dessus. Il demanda et reçut l'extrême-onction. Dès ce moment, il cessa de parler, demeura les yeux clos, sans paraître souffrir. Huit jours avant sa mort, il disait à son entourage, en passant la main sur son front : « J'ai vu tant de choses, que je suis las... Dormir... faites-moi dormir ! » Le mercredi 26 février, vers sept heures du soir, le docteur Maubrac qui le soignait, crut devoir appeler en consultation un de ses plus éminents confrères, le professeur Albert Robin qui rédigea ce bulletin : « Faiblesse extrême, état très grave. » Puis, à huit heures et demie, Arsène Houssaye, qui n'avait pas bougé depuis des heures, fit un grand mouvement des bras, comme pour embrasser l'air, sa tête se renversa un peu en arrière, il ouvrit la bouche toute grande et poussa un soupir qui fut le dernier. Il est parti sans souffrance et sans agonie. Sa mort a été la fin calme et douce d'une brillante vie. Lui aussi, ce poète, en se détachant de la terre, aurait pu dire avec sa voix caressante et chaude, comme Platon en mourant : « Mon âme sera bientôt libre de courir dans la rosée avec les cigales babillardes. »

La triste nouvelle ne tarda pas à se répandre, et, bientôt, arrivèrent à l'hôtel de l'avenue Friedland MM Napoléon Ney, Imbert de Saint-Amand, Bérardi, Camille Doucet, de Lagrenée, Potocki, qui s'inscrivirent sur le registre.

Cependant, dans la chambre mortuaire, on procédait à la dernière toilette du défunt. Cette chambre est grande, tapissée de satin rouge, le lit capitonné de même étoffe. Et dans cette tonalité vive, deux cierges, posés sur une table à applications de cuivre font trembloter dans l'air leur double virgule d'or. Le corps d'Arsène Houssaye qu'on avait revêtu de son habit, sans aucune décoration, reposait sur le lit, en tenue de soirée. Et si ce n'avait été le crucifix posé sur la poitrine et les deux mains croisées, comme les ont les morts, ces mains tout à l'heure nerveuses et veinées de bleu, qui avaient à présent le ton de la cire, on aurait pu croire que ce beau vieillard sommeillait, tant sa figure belle et pâle, dans sa barbe argentée, avait encore de la vie toute la trompeuse apparence.

Auprès de lui se tenaient pour la veillée funèbre, son fils, M. Henry Houssaye, Madame Henry Houssaye et Madame Milton, qui pleuraient.

Le corps d'Arsène Houssaye qui avait été embaumé, fut renfermé dans un triple cercueil de sapin, de plomb et d'acajou. Dans la grande galerie de l'hôtel de l'avenue Friedland un catafalque fut dressé sur lequel le cercueil fut déposé. On recouvrit les murs de la galerie de draperies noires lamées d'argent, cachant aux visiteurs les tableaux que le maître avait réunis. Le corps y restait veillé, comme il l'avait été, dès la première heure, par M. et Mme Henry Houssaye, les neveux et petits-neveux, ainsi que quelques intimes de la famille. Sur le registre déposé chez le concierge de l'hôtel, je relève les noms de MM. Gavini, de Campile, Paul Ollendorff, Jules et Armand Bapst, le prince Roland Bonaparte, Armand Mollard, Eugène Roger de Beauvoir, Jules Lemaître, Théophile Gautier, Georges Duruy, Paul Meurice, Emile Zola, Henry Roujon, Général de Galliffet, Léon Say, Comte Alexis de Solms, Baron de Rothschild, Mlle Louise Abbéma, Marquise de Brou, Comte Robert de Montesquiou, etc., etc

M. Henry Houssaye a reçu, en outre, plusieurs télégrammes de condoléance du prince Napoléon, de la princesse Youriewsky, du comte Benedetti et un du docteur Devauchelle, maire de Bruyères-et-Montbérault, lieu de naissance

d'Arsène Houssaye. Ce télégramme est ainsi
conçu :

Interprète de la population Bruyéroise et du
Conseil municipal, je vous prie d'agréer l'hommage
de nos sincères condoléances. Vous perdez un père
aimé, et Bruyères un bienfaiteur dans son illustre
enfant.

Tous les journaux de Paris consacrèrent de
longs et élogieux articles au défunt, le *Temps*,
les *Débats*, le *Journal*, la *République française*, le
Gaulois, le *Figaro*, la *Lanterne*, la *Poste*, etc. ;
les deux rédacteurs en chef du *Journal de l'Aisne*
et du *Courrier de l'Aisne*, MM. Cortilliot et
Salomon, particulièrement liés avec Arsène
Houssaye, lui ont adressé des adieux émus et
touchants que je voudrais pouvoir reproduire
ici, et qui furent le bien fidèle et pieux écho de
la douloureuse sympathie des compatriotes du
grand écrivain.

Les obsèques eurent lieu le samedi 29 février,
à Saint-Philippe du Roule, au milieu d'une
grande affluence. Le char disparaissait sous les
couronnes, parmi lesquelles celles de la Comédie-
Française, en camélias, et large de plus de deux
mètres ; celles de la Société des Auteurs dramatiques, des Gens de lettres, de la princesse

Youriewsky, du général Meredith Read, de
M. Stephen Liégeard, etc...

Les cordons du poële étaient tenus par
MM. Roujon, Claretie, Ludovic Halévy, Emile
Zola, Armand Silvestre et Aimé Leroux, séna-
teur de l'Aisne.

M. Félix Faure, Président de la République,
était représenté, à l'église, par le lieutenant-
colonel Menestrez.

Au cimetière du Père-Lachaise, où repose maintenant Arsène Houssaye (1), non loin d'Alfred
de Musset qui chanta l'amour, l'un des cultes
de sa vie, trois discours ont été prononcés.
M. Roujon a parlé très éloquemment, au nom

(1) De son vivant, Arsène Houssaye s'était préoccupé
du monument qui devrait lui être érigé au Père-Lachaise,
et j'ai sous les yeux une lettre du statuaire Bernard Steüer
qui en témoigne absolument : Le poète, avec lequel il
s'était rencontré à Laon, lui avait exprimé les désirs
suivants :

1° Son buste (âge moyen) avec sa robe de flanelle sur
stèle ;

2° Deux figures de femmes - *La Poésie et la Jeunesse*
— La *Poésie* inscrivant les titres de ses œuvres et la
Jeunesse lui tendant une branche d'églantine.

L'esquisse ainsi préparée avait été soumise à Arsène
Houssaye et agréée par lui. Je crois même ne pas me
tromper en disant qu'on a dû en retrouver chez lui la
photographie.

des Beaux-Arts ; M. Jules Claretie, avec beaucoup d'émotion et de tendresse, au nom de la
Comédie-Française, enfin M. Émile Zola a
remarquablement exprimé les regrets des Gens
de lettres. Comme les éloges ou les critiques
venant de cette plume ne sont point chose
banale, on me permettra de transcrire ce déli-
cat et littéraire discours qui n'est pas susceptible,
dans la bouche de son auteur, de passer pour
une vaine et officielle flatterie :

Au nom de la Société des Gens de lettres, je
viens rendre un suprême hommage à la mémoire d'Arsène Houssaye. Nous perdons en lui un
de nos sociétaires les plus éminents et les plus
anciens. Il était des nôtres depuis un demi siècle, il
avait fait partie de notre Comité à de nombreuses
reprises, et après l'avoir présidé avec toute sa bonne
grâce et son active science des hommes, il était
devenu un de nos présidents honoraires les plus
respectés, les plus aimés. Je ne trouve pas de mot
plus juste, on l'aimait dans notre Société qui n'est
qu'une grande famille, on l'aimait comme un aïeul
très doux, très accueillant, parfaitement bon pour
les petits, toujours prêt à rendre service aux confrères
dans la peine. Et c'est cet amour de la famille que
je veux avant tout apporter sur sa tombe, ainsi qu'un
pur hommage de tendresse, à un homme qui, dans
sa longue vie, au milieu de nos querelles littéraires,
a su ne blesser personne et mériter la gratitude de tous.

Je n'ai mission, je crois, que de dire notre deuil et celui de toute la littérature. La seule pensée de juger ici une existence remplie d'un si prodigieux travail, un nombre si considérable d'œuvres infiniment variées, me donnerait la crainte de n'être ni assez juste, ni assez complet. Tout cela se classera, se jugera, lorsque l'heure sera venue. Mais, si l'on écarte les détails, quelle admirable existence d'homme de lettres, quelle profusion continue de choses heureuses, quel éternel succès dans la grâce et dans le charme ! Chez nous, ceux qui vivent longtemps sont aimés des dieux. Il aura été un des derniers grands chênes de la forêt romantique, mais un chêne où les vignes folles avaient grimpé, où les roses d'une jeunesse sans fin montaient aux guirlandes. Au milieu des plus hauts, il était resté debout, bien à part dans son originalité séductrice, tenant la place qu'il avait voulue ; et si deux ou trois générations avaient passé, si tout s'était transformé autour de lui, il n'en demeurait pas moins une des expressions du génie français, la plus vive et la plus aimable sûrement, la joie de l'esprit et l'amour de la femme.

Qu'on ouvre les volumes qu'il a publiés, de quoi emplir une bibliothèque, depuis les *Galantes aventures de Mademoiselle Margot*, jusqu'à ses *Grandes Dames*, jusqu'à ses *Comédiennes* : tous célèbrent le bonheur d'aimer, le bonheur d'être beau, de vivre au clair soleil, de chanter la chanson de l'espérance, même en face de la vie mauvaise. Et, s'il s'est passionné pour l'Histoire, il ne l'a fait que pour y retrouver la femme, tout ce dix-huitième siècle amoureux, qu'un des premiers il a aimé d'amour. Et s'il s'est occupé aussi de critique d'art, ce n'a été encore que pour retrouver chez les maîtres, la fête des yeux, le régal des belles couleurs, les splendeurs de la lumière parmi les étoffes riches et les chairs opulentes. Cela ne suffirait-il pas ? Qu'il soit aimé et qu'il soit honoré pour son optimisme, pour sa croyance entêtée à la vie joyeuse et bonne, et qu'on lui élève donc un tombeau de clarté et d'allégresse, comme à un des vaillants de la race qui n'a jamais désespéré de l'amour ni de l'esprit, dans notre France embrumée et désenchantée !

Il a touché à tout avec une égale légèreté, simplement heureux de ses promenades au travers de tous les sujets, cachant le plus possible sa science et son labeur sous l'insouciance voulue de son charme. Poëte, il a laissé les plus jolis vers du monde. Romancier, il a écrit tant d'aimables histoires que je fatiguerais l'attention rien qu'à en énumérer les titres. Historien, il a tout un petit Versailles, des Galeries sans fin de portraits, une société entière qu'il a exhumée de sa poudre, dans la plus vivante des résurrections. Auteur dramatique, il a voulu l'être et il l'a été, aussi bien que beaucoup d'autres. Journaliste, il a tellement produit qu'on ne peut ouvrir les anciennes revues sans rencontrer partout sa signature. Et cette infatigable production littéraire lui laissant quand même des années libres, on le retrouve administrateur de la Comédie-Française, aux temps héroïques de Rachel, directeur de l'*Artiste*, où il accueillait si largement les talents nouveaux, sans parler de cet emploi d'inspecteur général des Musées de province qui le promenait au milieu de nos

richesses artistiques. Et il trouvait encore le temps
de donner des fêtes royales, d'être l'ami de tous
les écrivains qui se sont succédé en France, depuis
cette mansarde de la rue du Doyenné, où il fraternisait
avec Gérard de Nerval, Gautier et Jules Sandeau,
jusqu'à son hôtel de l'avenue Friedland où nous avons
été ses hôtes enchantés et reconnaissants. Il peut
dormir en paix, certain de vivre dans la mémoire
des hommes, car si tant de titres ne suffisaient pas, il
est un de ses livres, éternel comme l'ambition
humaine, son *Histoire du Quarante-et-unième Fauteuil*,
qui durera autant que nos vanités d'écrivains et
que nos luttes pour l'immortalité.

Me permettra-t-on, en finissant, d'exprimer ma
gratitude personnelle ? J'étais un bien petit débutant,
lorsqu'il régnait depuis longtemps déjà. Il y a de cela
près de trente ans. Et je me souviens avec quelle
vaillance charmante il vint alors, comme directeur
de l'*Artiste*, me visiter dans ma petite chambre,
pour me demander une étude sur Edouard Manet, le
peintre qui triompha plus tard, mais qu'on traitait
alors en réprouvé, indigne d'une attention sérieuse.
Je lui en ai toujours gardé un souvenir affectueux,
une sorte de tendresse filiale, que je suis heureux de
témoigner à cette heure auguste, car rien n'est plus
beau pour moi que la bravoure de l'esprit, quand elle
se donne le rôle de faciliter la lutte aux combattants
de l'art et des lettres. Et c'est pourquoi devant la
tombe de cet écrivain si joliment français, si aisé, si
tendre et si vaillant à la fois, je suis très honoré et
très touché, dans l'émotion de mon cœur, d'avoir
été chargé de dire l'adieu de nous tous, ses cadets,

qui l'avons aimé pour sa parfaite bonté, pour ses longues années de joyeux et de glorieux travail.

Au lendemain de la mort d'Arsène Houssaye, un collaborateur du *Figaro*, M. André Maurel, écrivait :

Le dernier des Parisiens est mort. C'était d'abord le plus merveilleux causeur qu'on connut. Sa voix si chantante et quelque peu traînante, sortait de sa barbe blonde en rayons d'or ; et, le coude appuyé à la cheminée, roulant dans ses doigts une grosse bague, il parlait, charmait tout le monde par sa légèreté et son badinage. Avec lui disparaît l'un des derniers survivants d'une époque qu'on dit trop facilement futile, et qui ne fut en somme qu'une époque où l'esprit d'élégance et de grâce s'épanouit sans entraves.

Les *Débats*, sous la plume de M. Henri Chantavoine, ont fait d'Arsène Houssaye un très fin et très exact portrait. Ils le présentent comme un des narrateurs les plus au courant et les plus délicats de « l'éternel féminin. » Il le connaissait bien, dit l'auteur de l'article :

Peu de gens ont effleuré mieux que lui, d'une main plus émue et plus adroite, ces âmes changeantes. Et cela, sans jamais tomber ni dans la mièvrerie sentimentale dont il se sauvait par son esprit, ni dans les fadeurs subtiles de l'analyse psychologique dont se méfiait son existence, ni surtout dans les vulgarités et les laideurs du naturalisme grossier auxquelles répugnaient à la fois son goût, son éducation, ses habitudes de bonne compagnie et son respect pour la langue française. Il était de ceux qui savent tout dire ou presque tout, sans passer par les Halles, et qui aiment mieux enjamber le ruisseau que s'y noyer.

Me permettrai-je d'ajouter quelque chose à ces portraits dessinés de main de maitre? Je craindrais d'en altérer le coloris et les lumières. Mais il est curieux de savoir comment déjà s'appréciait, en 1841, à l'âge de 26 ans, celui que l'on juge à présent dans les termes justes et mérités que je viens de rappeler? Il y a cinquante-cinq ans, Arsène Houssaye écrivait au directeur de l'*Artiste* (1), sous forme de lettre, les lignes suivantes :

Vous voulez des notes sur l'histoire d'un poète dont vous publiez le portrait? Qu'importe l'histoire d'un poète, surtout quand c'est un poète comme Arsène Houssaye, qui n'est connu que de vous ou de moi — plus ou moins — et peut-être de celui qui l'a peint. C'est précisément parce qu'il est peu connu, direz-vous, que son histoire ne sera pas de l'histoire ancienne. Que votre volonté soit faite, Monsieur le Directeur. Outre ses romans que j'ai tout à fait oubliés, Arsène Houssaye a beaucoup écrit dans les

(1) Voir l'*Artiste,* Tome VIII, année 1841, page 297.

journaux. Ses amis doivent bien un peu regretter qu'il ait signé : *Le Joueur de Violon, Rachel et Lucy,* le *Bouquet de violettes, Madame de Watteau, Greuze, Piron, Dufresnoy,* toutes ces histoires littéraires et toutes ces histoires romanesques dont nous nous serions bien passés, lui de les faire, nous de les lire. Arsène Houssaye, je l'en félicite, n'est pas allé à son début, jeter ses dédicaces à la tête des célébrités à l'ordre du jour. Il ne connaît la plupart de nos grands hommes que de loin, et il ne s'en trouve pas plus mal, même avec eux. Il les admire en silence et de bonne foi, tout en se gardant bien de les imiter. Il chante mal, c'est vrai, mais du moins il n'est l'écho d'aucune lyre en vogue, française ou étrangère. C'est avant tout un poète tout personnel avec le caractère de sa nation. Il ne voit pas la nature de son pays par les *Bucoliques* de Virgile, il ne rêve pas d'après les *Rêveries* d'Ossian. S'il aime Candide et Manon Lescaut, il aime aussi beaucoup Montaigne et La Fontaine ; s'il aime les fantaisies ravissantes de Watteau et les douces chansons de Grétry, il aime aussi beaucoup Prud'hon et Berlioz. Au reste, Arsène Houssaye ne sait pas où il va, et voilà ce qui fait sa joie. Il se laisse vivre le plus nonchalamment du monde, comme on doit faire à vingt-sept ans, selon l'avis de son caractère et de son médecin.

Oui, assurément, Arsène Houssaye fut pendant soixante ans un des esprits les plus élégants et les plus alertes de ce siècle. Il resta toujours jeune, aimable, bienveillant. Je ne crois pas, disait Dumas fils qui le précéda de bien peu dans la tombe, que jamais en sa vie il ait fait sciemment du mal à personne. Et Dumas ajoutait encore pour peindre la séduction du vieillard : Je crois bien qu'il est le seul qui, à son âge, puisse parler d'amour à une femme sans être ridicule.

Écrivain, il a touché à tout : au roman, à la poésie, à l'histoire, à la philosophie. Certains de ses livres écrits avec une légèreté aimable, font invinciblement penser aux délicieux peintres du XVIIIe siècle. Il est de l'école de Watteau, dont parfois il emprunte même le nom. Plus on se penche dans l'œuvre d'Arsène Houssaye, plus le rapprochement s'impose. C'est le maître des élégances et des curiosités du cœur, l'artiste dont les coquets ajustements habillent des corps admirables, dessinés d'un trait aussi puissant que les figures des plus grands peintres. Comme chez Watteau, la force chez Arsène Houssaye se cache discrètement sous la magie du style, sous l'éclat de la langue, sous un esprit pétillant. Ses livres sont des œuvres de bonne foi, dont la moelle est la philosophie la plus sereine et la plus subtile, l'indulgence la plus touchante, la compassion la plus humaine. Arsène Houssaye n'a pas dit de lui, comme Barbey d'Aurevilly : « Moi je suis un intense. » Son style est poétique, chatoyant et facile. Il ne trouve pas, selon le désir de M. Léon Bloy, un des disciples de l'auteur du *Chevalier Destouches*, « des épithètes homicides, des métaphores assommantes, des incidentes assassines. » Comme tant de littérateurs de nos jours, il n'a pas inventé « des catachrèses qui empalent, des métonymies qui grillent les pieds, des synecdoques qui arrachent les ongles, des ironies qui déchirent les sinuosités du rable, des litotes qui écorchent, des périphrases qui émasculent et des hyperboles de plomb fondu. » Non ! Arsène Houssaye ne s'est fixé sous la bannière de personne, d'aucun maître. Il n'est le soldat ni de Lamartine, ni de Victor Hugo, ni d'Alfred de Musset. Aujourd'hui, comme le dit si bien M. Jules Claretie, il peindra au pastel Ninon ou Cydalise ; demain, d'une chaude couleur vénitienne, il fera le portrait de Violante, la maîtresse du Titien. Si le caprice le prend de modeler en biscuit ou en porcelaine de Saxe, un berger et une bergère rococo, enguirlandés de fleurs, certes, il ne se gène pas. Mais, le groupe posé sur l'étagère, il n'y pense plus ; le voilà qui sculpte en marbre une Diane chasseresse ou quelque figure mythologique, dont la blancheur se détache d'un fond de fraîche verdure. Il quitte le salon de lumière pour s'enfermer dans la verte obscurité des bois, et quand au détour d'une allée ombreuse il rencontre la muse, il oublie de retourner à la ville, où l'attend quelque rendez-vous donné à une beauté d'Opéra.

Sainte-Beuve avait dit d'Arsène Houssaye, que Gautier comparait à Diaz : « C'est le poëte des roses et de la jeunesse. » Le bon Théo ajoutait, lui qui connaissait son ami : « Mais dans ces roses, la goutte de rosée est souvent une larme. » Parfois, en effet, une visible tristesse règne au milieu d'un sourire de Houssaye, mais un rayon de soleil apparaît bien vite et dissipe le nuage. « Du bleu, des roses, des buissons fleuris, des bruyères, des sentiers champenois, dit encore si élégamment M. Claretie, c'est tout ce que reflétait la loyale prunelle de ce Parisien qui rêve des Cythères de Watteau et des marbres d'Athènes, des valses de Métra et des sanglots de Musset — et qui meurt après avoir écrit tant de pages printanières et sans avoir, à quatre-vingt-un ans, connu la haine, appris l'envie, et commis une mauvaise action »

Arsène Houssaye fût l'homme heureux par excellence, tour à tour soldat, poëte, historien, mondain, rustique, un peu peintre, un peu architecte, ayant couru toutes les fortunes à travers le monde. Méry, a écrit ces jolies lignes sur Houssaye :

S'il a fouillé les Herculanum du passé, tour à tour épris d'une fresque ou d'un bas relief qui lui disaient l'histoire plus fidèlement que les historiens, il a assisté à tous les spectacles de son temps. On l'a connu partout, voyageant aux quatre points cardinaux, mais toujours Parisien obstiné ; on l'a rencontré dans les coulisses du monde comme dans les coulisses du théâtre ; en un mot, il a pris de bonne heure une bonne stalle au spectacle de la vie.

Sans doute il y aura des critiques : Houssaye était avant tout un superficiel, un amuseur, un joueur de flûte, un prestidigitateur de mots, un illusionniste. Une page de lui vous donne l'impression d'un tour de passe-passe de Robert Houdin. Le souvenir n'en garde rien. Les écrits ne sont, au fond, que des bulles de savon où l'esprit miroite comme au soleil, et dont il ne reste goutte dès qu'on les touche. On ajoutera encore : Les livres d'Arsène Houssaye ne sont que des causeries reliées. Mais les causeries écrites sont comme les fleurs séchées ; elles ont presque tout perdu de leur parfum et de leurs couleurs. Que voulez-vous, on n'a pas l'heur de plaire à tout le monde ; et selon l'adage familier du pays natal d'Houssaye : « On n'est pas louis d'or. »

Quant à moi, je préfèrerai toujours les appréciations élogieuses aux dénigrements jaloux, et c'est pourquoi je me range à l'avis de ceux qui ont rendu justice au caractère, à la bonté, à l'esprit et au cœur d'Arsène Houssaye, que son compatriote Champfleury a si heureusement apprécié et *résumé*, si je puis dire, dans les lignes suivantes :

Après avoir joué un certain temps du violon sur la chanterelle du cœur des jolies femmes de son temps, en véritable talon rouge, il prêcha la galanterie au xviiie siècle. Caressé par la fortune, qui en faisait un Directeur du Théâtre-Français, choyé des comédiennes et des belles dames, ces folles joies ne l'empêchaient pas de disserter platoniquement, à ses moments de loisir, sur l'immortalité de l'âme.

Tapissier ingénieux, il inventa pour l'Académie française, un fauteuil à rallonges dans lequel la vieille dame ne devait permettre à aucun esprit indépendant de s'asseoir. Confesseur des pêcheresses de toute qualité, à commencer par celles de Mabille, Arsène Houssaye devait toujours rester blond comme Apollon, et bâtir à Beaujon, à Vorges, à Breuil, à Bruyères, presqu'autant de châteaux que le Roi de Bohême.

Et pour saluer d'un dernier et cordial hommage ce fin lettré, qui n'a jamais connu l'âpre souci d'avoir l'économie de son talent qu'il a dépensé, sans compter, au jour le jour, en semant son esprit à la volée ou en mettant sa gloire en viager, qu'il me soit permis de lui emprunter les deux derniers tercets du pieux sonnet que son cœur déposait, le 23 octobre 1872, sur le tombeau de son vieil ami Théophile Gautier :

Où vous retrouverai-je en la forme première ?
Mais vous n'êtes pas mort, vous traversez mes jours.
Pour ceux qui les aimaient, les morts vivent toujours.

Combien qui sont debout et n'ont pas la lumière !
La mort vous a couché dans le froid monument,
Mais votre étoile d'or s'allume au firmament.

Oui, « pour ceux qui les aimaient, les morts vivent toujours » ; et voilà pourquoi le souvenir d'Arsène Houssaye reste si vivant, si présent à nos cœurs. C'est qu'ici l'œuvre ne se sépare ni de l'homme, ni de l'ami.

FIN.

BIBLIOGRAPHIE.

En commençant ce chapitre, je ne saurais me dissi-
muler ni la difficulté, ni l'aridité de la tâche, partant,
le peu d'attrait qu'il offrira au lecteur. Mais je ne
veux pas être seulement l'historiographe d'Arsène
Houssaye ; aussi essaierai-je de classer, dans la
mesure du possible, l'œuvre considérable de cet écrivain. Jetée aux quatre vents de la librairie, cette
œuvre a revêtu les formes les plus diverses : in-18,
in-12, in-8°, grand in-8°, in-quarto, in-folio. Les
éditions se sont multipliées, elles ont changé de
préfaces, se sont augmentées d'un chapitre nouveau, restant au fond toujours les mêmes, et
subissant le caprice, la fantaisie heureuse de leur
auteur, qui fut, soit dit en passant, un habile et un
amusant *truqueur*.

Je dois, pour cette partie de mon travail, les plus
précieux renseignements, à l'extrême obligeance

d'un chercheur émérite, d'un éclairé et patient collectionneur, d'un bibliophile armé de toutes pièces, du Balzacien et du Gautiériste par excellence. J'ai nommé M. le vicomte de Spoelberch de Lovenjoul, dont la bibliothèque est si gracieusement ouverte aux avides du document, bibliothèque unique en son genre, renfermant plus d'un trésor, et qu'une activité quotidienne, intelligente et bien conduite, ne fait qu'augmenter à chaque instant. Que l'auteur des *Lundis d'un chercheur* trouve ici l'expression de mes très vifs et cordiaux remercîments.

Tout d'abord, il faut ranger les écrits d'Arsène Houssaye et les diviser en : *Romans.* — *Œuvres dramatiques.* — *Poésies.* — *Ouvrages de critique*, historiques, humoristiques, mondains, etc. — *Articles de Revues* et *Journaux*.

ROMANS.

Le *De Profundis*, par Alfred Mousse, est certainement le premier volume publié par Arsène Houssaye. Il a pour épigraphe deux vers d'Alfred de Musset :

> . . . . Un livre est une rose
> Qu'on respire et qu'on jette, et qui meurt en tombant.

Il porte la date de 1834, *Paris, à la Librairie de Lecointe et Pougin, éditeurs, quai des Grands-Augustins, n° 49*. Il a été imprimé à *Laon, par Varlet-Berleux et Bouquet, rue Sérurier, n° 36*. Un frontispice, à la manière noire, représentant une *Danse Macabre*, se trouve au regard du premier feuillet. Il est dû au crayon d'un ami du romancier, un laonnois, M. Amédée Labouret. Arsène Houssaye hésitait, entre deux titres à donner à son roman : *La Danse Infernale* ou *Danse de l'Alcôve*. Il raconte, dans sa préface, que sa tante (la mère d'Eugène Didier, plus tard éditeur à Paris), près de laquelle il alla chercher un conseil relatif à ce titre, lui remit à une représentation du Gymnase « un carré de papier azuré sur lequel ses jolis doigts avaient glissé pour écrire : *De Profundis* » Elle est donc l'inspiratrice du titre définitif de ce volume. C'est en réalité en 1832 qu'il fut écrit, je l'ai dit, aux premières pages de cette étude. Ce roman a été adjugé, à la vente Detaille en 1881, 61 francs.

Arsène Houssaye a dit dans *l'Histoire de ma plume*, en parlant de cette œuvre de jeunesse : « C'était la profanation du papier blanc. Le jour où parut ce volume, je me suis réjoui de voir qu'il tombait dans la fosse commune, avec sa vignette romantique représentant une Danse Macabre. »

En 1836, paraissait la *Couronne de Bluets*, avec une moralité et une vignette par Théophile Gautier. Voici la description de ce volume : In-octavo, frontispice à l'eau-forte par Th. Gautier, Paris, Hippolyte Souverain. (Corbeil, imprimerie de Crété). La pièce intitulée *Moralité* occupe les p 369 à 388, y compris son titre de départ. — 2 ff. pour le faux-titre et le titre, le premier contenant au verso le nom de l'imp.imeur ; 388 p. plus un catalogue de l'éditeur de 16 ff. indépendant du volume. Un bel exemplaire a été adjugé 70 francs à la vente Noilly, en 1886. Une réédition a été faite en 1880.

La Pécheresse est également de 1836, 2 volumes in-8°. Ce roman a été réimprimé sous le titre : *Le Ciel et la Terre*, histoire panthéiste, dans les *Romans, Contes* et *Voyages*.

En 1837, sont livrées au public : *Les Aventures galantes de Margot*, Paris, Hippolyte Souverain, in-8°, dans lesquelles Arsène Houssaye nous a lui-même tracé son portrait sous la figure d'un personnage du roman :

Jacques avait des goûts fort champêtres ; il aimait les violettes perdues dans les grandes touffes d'herbes, les bluets qui se détachaient des tons oranges des seigles ; souvent il allait s'extasier sur le coteau devant un bouquet d'églantiers et d'aubépines, dont les tortueux rameaux s'enlaçaient avec volupté.

Quelques exemplaires de la troisième édition ont paru, en 1866, sous le titre de : *Les Galanteries de Margot*, substitué par l'éditeur au titre primitif, que l'auteur fit rétablir par autorité de justice.

En 1838, *Le Serpent sous l'herbe*, Paris, Desessart, 2 volumes in-8°. Cette édition originale est aujourd'hui très rare, et côtée de 25 à 30 francs sur les catalogues.

Dans cette même année, voici : *La Belle aux Bois Dormant*, chez l'éditeur Verdet.

En 1839, *les Revenants*, avec Jules Sandeau, 2 volumes in-8°.

En 1840, *les onze Maîtresses délaissées*, 2 volumes in-8° ; et *Fanny*, 3 volumes in-8°. La couverture porte : *Romans sentimentaux*, Tome Ier ; le Tome II contient *les Aventures Galantes de Margot*, et le Tome III, *la Couronne de Bluets*.

L'année 1842 voit paraître : *Madame de Vandeuil* (avec Jules Sandeau) ; l'héroïne de ce roman n'est pas du tout la fille de Diderot ; — *Mademoiselle de Kérouare*, avec la collaboration de Jules Sandeau ; — *Milla*, également avec Jules Sandeau ; — enfin, toujours avec Jules Sandeau, *Marie* Paris, 1843, un volume in-8°.

En 1844, l'éditeur Desessart, 8, rue des Beaux-Arts, publie *Madame de Favières*, en deux volumes, in-8° au prix de 15 francs. Ils sortent de l'imprimerie de Gustave Gratiot. Au verso du premier feuillet, sont indiqués comme ouvrages déjà parus du même auteur : *Le dix-huitième Siècle*, 3e édition, un volume in-18 ; et les *Sentiers perdus*, poésies, 2e édition, un volume in-18.

Ces deux volumes de : *Madame de Favières* sont de toute rareté.

A la suite du Tome premier de cet ouvrage, se trouvent 16 ff. de catalogue du libraire Desessart, et parmi *les lettres sur l'Espagne*, de Guéroult ; *la Comédie de la Mort*, de Gautier ; *le Siège de la Sorbonne* ou *le Triomphe de l'Université, poème héroï-comique, par un bedeau de Saint-Sulpice ;* les *Romans* de la Comtesse Dash, ceux de Saint-Félix, de Mélanie Waldor, d'A. Esquiros, de F. Pyat, du Marquis de Foudras, d'A. Karr, se trouvent indiqués : *le Café de la Régence,* 2 vol. in-8° d'Ars. Houssaye, 1843. C'est une série très intéressante des portraits, de : Dorat, — Florian, — Grétry, — Un sculpteur inconnu (qui n'est autre que son grand'père maternel Nicolas Maillefer ; — Un poète perdu, (André Durand, né à Guise — Aisne) ; — Dufresny ; — Watteau ; — Dancourt ; — Fontenelle ; — Pirou ; — Gentil-Bernard.

Cette galerie se ferme sur : Louis XV et le Cardinal de Bernis.

Ces deux volumes sont également très rares et ne figurent dans aucune nomenclature des œuvres de notre écrivain, si ce n'est au catalogue méthodique et raisonné de la bibliothèque Cardinal.

En 1845, Arsène Houssaye écrit un volume intitulé : *Nogent, les Environs de Paris.*

Je citerai simplement les ouvrages ci-après : *La vertu de Rosine,* Bruxelles, 1844, d'abord publiée dans le *Constitutionnel.* — *La Revue du Salon de 1844,* Paris, in-4°. — *Romans, Contes et Voyages* (1846). — *Les trois sœurs,* 2 volumes in-8°. Ce roman avait paru en feuilleton dans le *Constitutionnel.* — *Critique* accompagnant la suite de l'histore du « Chevalier des Grieux et de Manon Lescaut », avec MM. Sainte-Beuve et J. Janin, Paris, 1847, un volume in-16. — *Voyage à Venise*, Paris, 1849, in-12 ; c'est le troisième volume des *Romans, Contes et Voyages*. — *Philosophes et Comédiennes*, Paris, 1850, in-12 ; 4ᵉ édition, 1857, in-18 ; c'est la troisième série de la *Galerie de portraits du XVIIIᵉ siècle*. — *Le Repentir de Marion*, Paris, 1851, in-8°. — Le même volume a reparu en 1854 sous le titre modifié de : *Le Repentir de Marion et les Peines de cœur de Madame de la Popelinière*, nouvelle et dernière édition en 1864. — *Le Royaume des Roses*, illustré de vignettes par Gérard Séguin. Paris, Blanchard, 1851, un volume in-8°. — *Les Filles d'Ève, les Femmes sous la Régence et sous la Terreur*, 1852. — *La Comédie à la fenêtre écrite le matin pour être jouée le soir*, Paris, 1852.

En 1852, paraissent les *Œuvres de Rivarol*, études sur sa vie par Sainte-Beuve, Arsène Houssaye, Armand Malitourne, Paris, Eug. Didier, in-12 avec portraits. En cette même année : *Œuvres de Chamfort*, précédées d'une étude sur sa vie et son esprit, par Arsène Houssaye, Paris, Victor Lecou, un volume in-12. Encore en 1852 : *Œuvres de Boufflers, Histoire de Boufflers*, par Arsène Houssaye, un volume in-8°, chez Eugène Didier.

Histoire du Quarante-et-unième Fauteuil de l'Académie française, par Arsène Houssaye, Paris, Victor Lecou (typogr. Simon Raçon et Cⁱᵉ), 1855, in-8°,

2 ff. pour le faux-titre et le titre, le premier contenant, au verso, le nom de l'imprimeur ; 388 p. y
compris la préface (p. 1 à 56) et la table (p. 387 et
388). — Cet ouvrage qui fit grand bruit, eut de
nombreuses éditions. En 1894, la librairie Charpentier
et Fasquelle en faisait paraître une dernière édition
augmentée de plusieurs chapitres consacrés à Eugène
Sue, Léon Gozlan, Alexandre Dumas Iᵉʳ, Théophile
Gautier, Michelet, George Sand, Paul de Saint-Victor.
Ce volume se termine par cinq chapitres intitulés :
Les Derniers Venus, les Hirondelles (scènes
aristophanesques), les Quarante Fauteuils (historique des 40 Fauteuils académiques, avec noms et
dates) ; Simple Causerie (anecdotes sur l'Académie),
et l'Académie réformée, préface humoristique à un
Tome second imaginaire de l'*Histoire du Quarante-
et-unième Fauteuil*, qui parut dans le *Gaulois* en 1880.
C'est au chapitre consacré à Alexandre Dumas père,
cet autre illustre compatriote dont mon ami
Ch. Glinel s'est occupé et s'occupera encore, je
l'espère, en nous livrant tous les documents précieux
qu'il possède sur cet inépuisable écrivain, qu'Arsène
Houssaye écrit ces charmantes lignes :

Quand Dumas dînait chez moi, c'était une fête pour
tout le monde. Il ne buvait jamais que de l'eau, mais
pour lui l'eau se changeait en vin. On ne lui donnait pas
quatre ou cinq verres comme aux autres convives, mais
e lui dédiais un beau verre de Bohème que je garde avec
religion en souvenir de ce brave et loyal cœur. Les morts
vont vite. Le train de la mort est le train express par

excellence. Alexandre Dumas n'avait pas peur de la mort et disait comme cet ancien : *Elle me sera douce, parce que je lui conterai une histoire.*

En 1855, également, Arsène Houssaye publie la *Pantoufle de Cendrillon,* ou *Suzanne aux Coquelicots.* — Conte. — Illustrée de cent vignettes. Ce joli volume a reparu en 1867, Paris, Albert Parpalet, rue Larrey, n° 1, in-8°, s. d. avec figures sur bois par Bertall, texte encadré de rouge. Il se termine par une postface datée du 10 décembre 1867, qu'il me parait intéressant de reproduire ici :

C'est ainsi que finit l'histoire authentique et invraisemblable de la *Pantoufle de Cendrillon* ou de *Suzanne aux Coquelicots.* Je ne sais pas, depuis Sémiramis jusqu'à Napoléon Ier, une histoire plus vraie et plus morale. Fier comme le vieil Hérodote, je dédie la *Pantoufle de Cendrillon* à un lecteur qui ne sait pas lire, Albert-Manoel Houssaye, mon fils bien aimé, qui aura quatre ans quand fleuriront les coquelicots de Suzanne.

En 1857, paraissent : *Les Femmes comme elles sont,* in-18. — *Voyages humoristiques ; Amsterdam, Paris, Venise.* — *Voyage à ma fenêtre,* Paris, in-18. — *Le Violon de Franjolé.* — *Romans, Contes et Nouvelles,* 5e édition, un volume in-18.

L'Amour comme il est, 1858. — *Le Roi Voltaire,* 1858, Lévy, in-8°. — *Mademoiselle Mariani,* 1859. — *Romans parisiens,* 1859. — *Mademoiselle de La Vallière et Madame de Montespan,* 1860. — *Princesses de comédie et Déesses d'opéra,* portraits, camées, profils, silhouettes, Paris, Henri Plon (typ. du même) 1860, in-8°, figures. L'édition originale est ornée d'un frontispice de Léopold Flameng et d'un portrait d'Adrienne Lecouvreur ; 2 ff. pour le faux-titre et le titre, le premier contenant au recto : *Œuvres d'Arsène Houssaye* ; V, et au verso le nom de l'imprimeur ; VI p pour la dédicace à Rachel et la préface ; 1 f. contenant au recto une pièce de vers de Théod. de Banville ; 452 p. y compris la table (p. 449 à 452).

Les femmes du temps passé, Paris, Morizot, grand in-8 portraits et figures. — *Jean-Jacques Rousseau et Madame de Warens*, Paris, 1863, in-18. — *Les Dieux et les demi-Dieux de la peinture*, illustrations de Calamatta (par Gautier, Ars. Houssaye et Paul de Saint-Victor), Paris, un volume in-8. — *Blanche et Marguerite*, in-18. — *Mademoiselle Cléopâtre*, in-18. — *Le Palais pompéien*, études sur la maison gréco-romaine, ancienne résidence du prince Napoléon (par Th. Gautier, Ars. Houssaye et Charles Coligny). Paris, au Palais Pompéien (de l'imprimerie de L. Toinon et Cie à St-Germain), s. d. (1866), grand in-8, 32 p. y compris le titre contenant au verso le nom de l'imprimeur. Dans certains exemplaires on trouve les deux pièces suivantes : *Répétition du Joueur de flûte et de la femme de Diomède dans l'Atrium de la maison de S. A. I. le prince Napoléon*, gravé par Laguillermy, d'après Flameng, et *Maison antique du prince Napoléon*, eau-forte de Flameng, extraite de

« Paris qui vient et Paris qui s'en va. » Les acteurs représentés dans la première figure sont : Got, Samson, Favart, Th. Gautier, Emile Augier, Madeleine Brohan et Geffroy.

En 1867, paraissent *les Femmes du Diable*, un volume in-12.

En 1868, *les Grandes Dames.- Monsieur Don Juan. — Madame Vénus.— La Dame de cœur et les Pécheresses blondes. — La Maîtresse anonyme. — Une Tragédie à Ems,* 4 volumes in-8°, Paris, Dentu, avec portraits sur acier, édition originale. Viennent ensuite au cours de cette même année : *Nos Grandes dames,* 4 volumes in-8.

En 1869, voici : *les Parisiennes*, contenant MADE-MOISELLE PHRYNÉ, les FEMMES ADULTÈRES et les FEMMES DÉCHUES, le JEU DES FEMMES, Paris, Dentu, 4 volumes in-8, figures sur acier.

Les Courtisanes du monde sont publiés en 1870 en 4 volumes in-8°.

Les ouvrages suivants se succèdent de 1872 à 1895.

1872. — *Le Chien perdu et la femme fusillée,* in-8°. Un des plus étranges romans de cet écrivain.

1873. — *Lucie,* histoire d'une fille perdue, 1 vol. in-12.

1873. — *Tragique aventure de Bal masqué,* 1 vol. in-12.

1874 — *Louis XV,* 1 vol. in-12.

1874. — *Les mains pleines de roses, pleines d'or et pleines de sang*, 1 volume in-8°.

1874. — *Manon Lescaut et l'abbé Prévost*, 1 vol. in-8°.

1875. — *Les amours de ce temps-là*, 1 vol. in-18.

1875. — *La Belle Rafaella*, 1 vol. in-12.

1875. — *Les Dianes et les Vénus*, 1 vol. in-12.

1875. — *Les Mille et une nuits parisiennes*, comprenant quatre parties : LE MARQUIS DE SATANAS ; CONFESSION DE CAROLINE ; PRINCESSE AU GRAIN DE BEAUTÉ ; LA DAME AUX DIAMANTS. Quatre volumes in-8° figures sur acier.

1875-1876. — *Galerie du XVIII⁰ siècle*. LA RÉGENCE, LOUIS XV, LOUIS XVI, LA RÉVOLUTION, 4 vol. in-12.

1876. — *Histoire tragique d'une fille du monde*, 1 volume in-8°.

1876. — *Tableaux rustiques — Le Cochon*, 1 vol. gr. in-8° avec eaux-fortes de Jacques, Félix Oudart, Van Ryssel et Frédéric Regamey. (Librairie de l'eauforte).

1877. — *Mademoiselle Phryné*, un vol. in-8°.

1878. — *Les Trois Duchesses*, 2 vol. in-8°.

1878. — *Les Charmeresses*, 1 vol. in-12.

1878. — *Les Larmes de Jeanne*, histoire parisienne, 1 vol. in-12.

1878. — *Histoire de Madame Dubarry*, 1 vol. in-8°.

1879. — *Les Destinées de l'âme*, Paris, Calmann-Lévy, 1 vol. in-8°.

1879. — *L'Éventail brisé*, 2 vol. in-12.

1879. — *Histoires romanesques*, 1 vol. in-12.

1879. — *La Robe de la Mariée*, 1 vol. in-12.

1881. — *Les Princesses de la ruine*, 1 vol. in-12.

1882. — *Mademoiselle Rosa*, 1 vol. in-12.

1883. — *Les Douze Nouvelles nouvelles*, 1 vol. in-12.

1884. — *La Comédienne*, 1 vol. in-12.

1885. — *Les onze mille Vierges*, 1 vol. in-12.

1885-1890. — *Les Confessions*, — Souvenirs d'un demi-siècle, 6 volumes in-8°.

1885. — *Contes pour les femmes*, 4 vol. in-8°.

1886. — *Les Comédiens sans le savoir*, 1 vol. in-12.

1886. — *La Comédie au coin du feu*, 1 vol. in-12.

1887. — *Le Livre de Minuit*, 1 vol. in-18.

1888. — *Rodolphe et Cynthia*, 1 vol. in-12.

S. d. — *Contes pour les femmes*, formant une série de 10 volumes sur papier de luxe. Chaque volume illustré d'une eau-forte par Henriot de Solar, petit in-8° carré. Paris, Marpon et Flammarion.

1896. — *Souvenirs de Jeunesse*, 1832-1850, 2 vol. in-12. C'est la réunion des articles parus dans le *Journal*.

POÉSIES

1842. — *Les Sentiers perdus*, 1 vol. in-12.

1845. — *La Poésie dans les bois*, 1 vol. in-18.

1850. — *Poésies complètes*, Paris, Charpentier, 1 vol. in-16, avec frontispice de Veyrassat.

1852. — *L'Empire c'est la Paix !* Stances dites par

Mlle Rachel devant S. A. I. Louis Napoléon Bonaparte, le 28 octobre 1852, in-8° en couleur.

1857. — *Le Paradis perdu ; la Poésie dans les Bois ; Poëmes antiques, Contes et Légendes*, nouvelle édition, 1 vol. in-16.

1857. — *Œuvres poétiques, l'Amour, l'Art, la Nature*, histoire d'Arsène Houssaye, par Théodore de Banville, Paris, Hachette, 1 vol. in-12

Les cent et un Sonnets. — Ce recueil de poésies a d'abord paru sans date en un volume in-4°, avec de nombreuses gravures et eaux-fortes. Il a été tiré sur divers papiers, et à 20 exemplaires sur Wathmann.

En 1874, une nouvelle édition, avec le même format in-4°, a été lancée en librairie.

Enfin, en 1875, E. Dentu publiait ces poésies en un volume in-18 avec gravures et eaux-fortes, qui se terminait par : *Les cent vers dorés*, et une postface d'où j'extrais ces premières lignes :

Écrire des Sonnets ! Quel luxe de temps perdu ! On me dira : Pourquoi ne travaillez-vous pas au salut de la France ? Pendant la guerre, j'avais un fusil ; après la guerre, n'étant plus du gouvernement des Beaux-Arts, j'ai pris l'arme blanche du journaliste et j'ai combattu pour la France en péril ; mais après avoir ouvert vainement mes mains pleines de vérités, je me suis retourné vers la république des lettres, qui est la vraie patrie dans les jours troublés.

A propos de ce livre, je possède un spirituel autographe d'Arsène Houssaye, répondant à un publiciste auteur d'une annonce de ce volume dans laquelle probablement une faute typographique, *une coquille*, s'était glissée. Voici cette lettre :

Cher ami,

Vous annoncez les Cent et un *Sommets* d'Arsène Houssaye ! Vous voulez donc m'assommer ? Pourquoi pas les Cent et une Chutes ? J'aimerais mieux cela.

Cordialement

Ars. H. - YE.

Si vous veniez déjeuner plus souvent on vous aurait offert ce volume incomparable.

THÉATRE

1844. — *Les Caprices de la Marquise*, comédie en un acte, jouée le 12 mai 1844 à l'Odéon.

1852. - *La Comédie par la fenêtre.*

1856. — *Le Duel de la Tour*, comédie représentée au théâtre de Saint-Quentin, le 4 mai 1856, à l'inauguration de la statue de la Tour.

1858. — *Les Comédiennes*, comédie en cinq actes qui fut reçue aux Variétés, mais qui n'a pas été représentée.

1873. — *Juliette et Roméo.*

1873. — *Mademoiselle de Trente-six Vertus*, drame en cinq actes et six tableaux (Ambigu).

CRITIQUE.

1856. — *Histoire de l'Art en France*, Recueil raisonné et annoté de tout ce qui a été écrit et

imprimé sur la peinture, la sculpture, l'architecture
et la gravure française, depuis leur origine jusqu'à nos
jours, Paris, 1 vol. gr. in-8°.

1857. — *Galerie flamande et hollandaise.* Texte
in-folio avec 32 planches gravées. Arsène Houssaye
a rédigé avec MM. Th. Gautier et Paul Mantz le
texte de : Les Peintres vivants.

1858. — *Galerie du XVIIIᵉ Siècle*, Paris, Hachette,
5 vol. in-12.

1858. — *Histoire de la Peinture flamande et
hollandaise*, Paris, Sartorius, 2 vol. in-8°.

1860. — *Histoire de l'Art français.*

1866. — *Notre-Dame de Thermidor*, Histoire de
Mᵐᵉ Tallien, portraits, gravures et autographes,
Paris, Plon, 1 vol. in-8°.

1868. — *Les Merveilles de l'Art flamand*, 1 vol.
gr. in-8°.

1869. — *Histoire de Léonard de Vinci*, 1 vol.
gr. in-4°.

1874 — *Van Ostade, sa Vie et son Œuvre*, in-4°
avec eaux-fortes.

1875. — *Jacques Callot, sa Vie et son Œuvre.*

1879. — *Les Comédiennes de Molière*, gr. in-8°
avec portraits.

1880. — *La Comédie Française*, 1680-1880. Paris,
Baschet, 1 vol. in-4° avec planches et figures, 32
portraits hors texte sur chine.

1880. — *Molière, sa Femme et sa Fille*, Paris,
Dentu, 1 vol. in-folio, nombreuses planches gravées

à l'eau-forte. Très jolie publication épuisée, mise en vente à 100 francs.

Les dernières lignes écrites par l'illustre auteur du *Roi Voltaire* sont probablement celles de la préface du volume : *De l'Émotion au Théâtre*, par L. Maurevert, que l'éditeur Dentu fit paraître en février 1896.

ARTICLES DE REVUES ET JOURNAUX

Arsène Houssaye a écrit sous de nombreux pseudonymes, dont les principaux sont les suivants : *Alfred Mousse* ; *G. de Chastenay* ; *Octave de Parisis* ; *Lord Pilgrim* ; *Franz Larivière* ; *Comte de Moussy* ; *un Parisien* ; *G. de Montbeyraud* ; *Maurice Duvernay* ; *P. de l'Estoïle*, *Pierre Dax* ; *René de la Ferté* ; *Henry Trianon* ; *Princesse XXX* ; *Charles Coligny* ; *Hector Callias* ; etc., etc.

La Belle au Bois Dormant a été publiée dans le *Parisien* du 9 février au 13 mars 1843, sous le titre de : *Marguerite Taillefer* (altération du nom de Maillefer), sous le pseudonyme de G. de Chastenay.

Les Aventures de Margot ont paru dans le *Don Quichotte* en 1837. Voici des renseignements absolument authentiques puisés sur ce journal, qui se trouve à la Bibliothèque nationale Z 8144.

Le Don Quichotte, journal dominical et hebdomadaire, a paru du 1er janvier au 7 mai 1837. L'exemplaire de la Bibliothèque nationale porte *fin* sur le dos du volume in-4° cartonné, et *fin* au crayon à la suite de la 19ᵉ livraison.

Dans le numéro premier de ce journal, le roman *Les Aventures galantes de Margot,* est signé Don Alvarez, pseudonyme de P. de Kock, et il commence même par le sous-titre : « Roman par Ch Paul de Kock. »

Dans le deuxième numéro, du 8 janvier 1837, la signature « Don Alvarez » est suivie de cette mention : « Le plus grivois de nos romanciers se » cache sous ce pseudonyme. » Et il est dit que M Paul de Kock a compléttement *(sic)* refusé la rédaction des *Aventures galantes de Margot.*

Dans le numéro du 15 janvier, le roman est signé *Don Alvarez ;* dans les numéros 4 et 5 il ne porte aucune signature. A partir du numéro 6, du 5 février 1837, le roman est signé Arsène Houssaye et parfois aussi Ar. H - ye.

Dans le premier numéro du 1ᵉʳ janvier, aux annonces des publications nouvelles de l'éditeur Louis Desessart, figure : *Une Pécheresse,* par Arsène Houssaye, 2 vol. in-8°, 15 francs. Ce roman philoso-phique est apprécié dans le numéro 5 par *Dulcinée* (?)

On remarque parmi les rédacteurs du *Don Quichotte :* Alphonse Esquiros, Pierre Malitourne, Calemard de la Fayette, T. Thoré, O. Fany (?) Alfred de Saint-Maur, Ernest Falconnet, Élie Berthet, Édouard de Bussy, Jules Ladimir, Edward Loz. — (Edward Loz est certainement Édouard Lhote dont le *Don Quichotte*

annonçait *les Primevères*), mais avec Arsène Houssaye,
il fallait changer son nom ; c'était indispensable pour
réussir. — N'est-ce pas lui aussi qui fit appeler
Champfleury, son compatriote et ami, Jules Husson
dit Fleury ?

Plusieurs chroniques sont signées : O. Fany. Celle
du 23 avril est signée : Arsène Houssaye. Dans ce
numéro on remarque une pièce de vers de Lasailly :
Miniatures : Eslser (sic) Taglioni.

Trois pièces de vers de Théophile Gautier figurent
dans le *Don Quichotte :* 1º *La Chimère* (16 avril) ;
2º *L'Hiver* (30 avril) ; 3º *Le Spectre de la Rose*
(7 mai).

Dans le numéro du 30 avril, Alphonse Esquiros a
analysé les *Scènes de la Vie italienne de Méry.*

Le numéro du 7 mai, enfin, contient *une étude
sur Lamartine,* par Ernest Falconnet ; *Symbole,*
poésie, par Jules de Saint-Félix ; et l'*Étoile,* poésie,
par Alphonse Esquiros.

Dans l'ouvrage : *Les Rues de Paris,* PARIS ANCIEN
ET MODERNE, ORIGINES, HISTOIRE, MONUMENTS, COSTU-
MES, MŒURS, CHRONIQUES ET TRADITIONS, ouvrage
rédigé par l'Élite de la littérature contemporaine,
sous la direction de Louis Lurine, et illustré de 300
dessins exécutés par les artistes les plus distingués,
2 vol. grand in-8º, typographie Wittersheim, Paris,
G. Kugelmann, éditeur, 25, rue Jacob, 1844 ;
Arsène Houssaye a écrit, pages 1 à 16 inclusivement,
l'article ayant pour titre : *Rue et Faubourg Saint-Denis.*

Il a également collaboré au premier volume de : *Le Diable à Paris*, PARIS ET LES PARISIÉNS, MŒURS ET COUTUMES, ET PORTRAITS DES HABITANTS DE PARIS, etc , etc. Paris, J. Hetzel, rue Richelieu, 76 ; rue de Ménars, 10 ; 1841 et 1846.

Dans l'ouvrage : *Les Étoiles du Monde*, GALERIE HISTORIQUE DES FEMMES LES PLUS CÉLÈBRES DE TOUS LES TEMPS ET DE TOUS LES PAYS, Paris, Garnier frères, éditeurs, 6, rue des Saints-Pères; Palais-Royal, 215, 1858, 1 vol. g^d in-8° ; imp. Henri Plon, Houssaye a écrit les articles suivants : *Mademoiselle de la Vallière*, p. 17 à 48. — *Catherine II*, p. 99 à 114. — *Marie-Thérèse d'Autriche*, p. 235 à 248.

Le quatrain, « *à Rachel* » a paru dans le *Décameron-Offenbach*.

Voici, maintenant, par ordre de dates, les titres des articles, l'indication des Revues ou Journaux qu'a publiés, ou auxquels a collaboré Arsène Houssaye. Il a travaillé également aux recueils intitulés : *Le Foyer de l'Opéra*, où il a signé : *Les Coustou*. — *La Philosophie des Arts*. — *Au Fruit Défendu*. — A la *Revue Démocratique*, en 1840. *Dans la Bibliothèque des Feuilletons*, on trouve de cet auteur : *L'Abbé Prévost et Manon Lescaut* (Tome VII). — *La Fontaine aux Loups* (Tome VIII). — *Mademoiselle de Marivaux* (Tome XI). — *La Fontaine aux Loups* avait paru en feuilleton dans le *Journal de l'Aisne* du 30 septembre 1844. Cette même année, le 16 octobre, Arsène Houssaye, donnait dans ce même journal un feuilleton intitulé : *La Demoiselle à Marier*. Et le 27 juillet 1844, encore, paraissait en feuilleton du même journal : *Mademoiselle de Camargo* qui avait déjà été imprimée dans le *Constitutionnel*.

La Revue de Paris.

1839. — *Les Catacombes de J. Janin*, 3ᵉ série, 6ᵉ vol. p. 118.

1840. — *La Vie de Campagne en automne*, 3ᵉ série, 22ᶜ vol. p. 210.

1841. — *Pèlerinage à Notre-Dame de Liesse*, 3ᵉ série, 32ᵉ vol. p. 54.

1842. — *Blangini*, 4ᵉ série, 1ᵉʳ vol., p. 37.

1843. — *Salon de 1843*, trois articles, 4ᵘ série, 15ᵉ, 16ᵉ vol., p. 284, 32, 107.

1851. — *Paradoxes.* — *Métempsycoses dans la vie*, nouvelle période, T. I, p. 64.

1851. — *Le Monde et le Théâtre*, nouvelle période, T. III, p. 138.

1852. — *La Peinture française sous Louis XVI*, nouvelle période, T. VI, p. 5.

Le Moniteur.

1857. — *La Recherche du Bonheur*, voyage au paradis perdu, 22 avril.

1857. — *Les Musées de Province*, 6 et 9 décembre.

1858. — *Id.* 12, 13 janvier ; 17, 20, 21, 24 et 25 mars ; 2 mai.

La Revue Pittoresque.

1849. — *Les Trois Amoureux de la Marquise ; Cécile,* T. VI.

La France Littéraire.

1836. — *Les Romans nouveaux,* T. 26, p. 375.

1835. — *Laon ; la ville dans les nuages,* T. 22, p. 143.

1840. — *Un Caprice d'Allemande,* signé Alfred Mousse, numéro du 10 janvier, T 1, p. 7.

La Chronique.

1843. — *La Science,* poésie (n'est pas celle qui se trouve dans les Poésies complètes), T. II, p. 221,

1843. — *La Villégiature,* lettre, T. II, p. 285 et 313.

L'Artiste, 2ᵉ Série.

1840. — *L'Orangerie du Louvre.* — Exposition de l'Académie, T. V, p. 429 et 441.

1841. — *Un peu de tout,* T. VI, p. 129, 1840 ; T. VII, p. 271-306.

1841. — *L'Artiste en province.* — Département de l'Aisne, T. VIII, p. 234, 249, 394 et 415.

1841. — *Mon Histoire,* T. VIII, p. 297.

1841. — *Le Mariage de J. Janin,* T. VIII, p. 257.

1841. — *Le Première Fête de l'Hiver,* T. VIII, p. 325.

1841. — *La Rêveuse,* poésie, T. VIII, p. 380.

1842. — *La Poésie, la Vapeur et le Paysage,* 3ᵉ série, T. 1, p. 98.

L'Artiste, 4ᵉ Série.

1844. — *La Peinture au 18ᵐᵉ Siècle*, T. 2, p. 129, 145, 177.

1844. — *De la littérature contemporaine*, T. II, p. 163.

1845. — *Théâtre. — Le Guerrero*, T. III, p. 29.

1845. — *Théâtres*, T. III, p. 61.

1845. — *Le Bœuf Gras*, T. III. p. 92.

1845. — *Du style dramatique*, T. III, p. 120.

1845. — *La Pâque dramatique*, T. III, p. 203.

1845. — *Théâtre.—* Comédie-Française.—Odéon, T. III, p. 234.

1845. — *Le Diable amoureux*, T. III, p. 247.

1845. — *Critique. —* Les Cordes graves de N. Martin, T. III, p. 42.

1845. — *Les Italiens. —* Grisi et Mario, T. III, p. 107.

1845. — *Le Salon de l'année*, T. III et IV.

1845. — *Le Tyrol de Mᵐᵉ de Mercey*, T. IV, p. 124.

1845. — *Cécile*, roman, T. IV, p. 132 et 145.

1845. — *La Statue du Duc d'Orléans*, par Marochetti.

1845. — *Abeilard*, de Ch. de Rémusat, T. V, p. 81.

1846. — *Réponse à Maurice Meyer*, T. V, p. 190.

1846. — *A. Esquiros*, portrait à la plume, T. V, p. 273.

1846. — *Salon de l'année. —* Introduction.

1846. — *Beaux-Arts*. — Hector Martin, T. VII, p. 97.

1847. — *M. de Rémusat à l'Académie*, T. VIII, p. 157.

1847. — *J'ai vu sous le platane, etc.* (chanson), T IX, p. 29.

1847. — *Salon de l'année*, T. IX, p. 33.

1847. — *M. de Salvandy*, portrait à la plume.

1847. — *Théâtres*. — Le Chiffonnier. — Marion Delorme, T. IX, p. 129.

1847. — *Études historiques.* – Monuments anciens, T. X, p. 49-64.

1847. — *Les Girondins et les Montagnards*, T. X, p 81 et 97.

1847. — *Lettre à M. A. Michiels*, T. X, p. 128.

1847. — *Critique historique.* — Histoire de Frédéric-le-Grand, T. X, p. 224.

1847. — *Sur un tableau de Rubens*, T. X, p. 284.

1847. — *Postface.* — Les Écoles en littérature, T. XI, p. 33.

1847. — *Encore sur le tableau de Rubens*, T. XI, p. 46.

1847. — *Beaux-Arts,* T. XI, p. 123.

1848. — *Discours au banquet des étudiants de l'Aisne,* T. XI, p. 137.

1848 — *République des Arts et des Lettres*, T. XI, p. 257.

L'ARTISTE, 5me Série.

1848. — *Salon de l'année*, T. I, p. 1 et 17.

1848. — *Au Peuple des Campagnes*, T. I, p. 49.

1848. — *Les Musées de province*, T. I, p. 49.

1848. — *République des Arts*, T. I, p. 106.

1848. — *A propos d'un vieux paradoxe*, T. I, p. 128.

1848. -- *Le nid de corbeaux*, nouvelle, T. II, p. 117.

1849. — *Les grands seigneurs à l'Académie*, T. II, p. 157.

1849. — *L'Œuvre de Charlet*, T. II, p. 204.

1850. — *Les Deux Filles de Dieu*, T. IV, p. 199.

1851. — *La Vie orientale de G. de Nerval*, T. VI. p. 137.

1852. — *Les Grands Siècles*. — De la direction des Arts et des Lettres, T. VII, p. 177.

1852. — *Salon de l'année*, T. VIII, p. 97.

1852. — *Le Mauvais Compagnon de route*, T. VIII, p. 121.

1852. — *Pradier*, T. VIII, p. 145.

1852. — *Sébastien Bourdon*, T. IX, p. 145.

1854. — *L'éloge de la folie* (proverbe), T. XI, p. 181.

1854. — *Études sur le Théâtre*, T. XII, p. 33.

1854. — *Philosophie de l'Art*, T. XII et XIII.

1854. — *Vieux style* poésie), T. XIII, p. 78.

1855. — *La Pomme amère*, proverbe en vers, T. XVI, p. 74.

1856. — *Histoire de l'Artiste*, T. I, 6ᵐᵉ Série, p. 1.

1856. — *Profils pris au Café Anglais*, T. I, p. 263.

L'ARTISTE, 7ᵐᵉ SÉRIE.

1858. — *Lettre à E. Houssaye*, T. III. p. 302.

1858. — *Curiosités historiques*. — La Conjuration des Marmousets, T. V, p. 152.

1858. — *Exposition du Havre*, T. V, p. 200.

1859. — *Études sur l'Art Français.* — David, T. VI, p. 3.

1859. — *Le Comte de Morny*, T. VI, p. 49.

1859. — *La recherche du beau* (Entre Mlle Rachel et Pradier), T. VI, p. 145.

1859. — *Études sur la Sculpture.* — Edme Bouchardon, T. VI, p. 177.

1859. - *Les Princes artistes.* — Le Régent, T. VI, p. 209 et 225.

1859. — *Armé du Ciseau d'or, le divin Praxitèle* (sonnet), T. VII, p. 26.

1859. — *Eugène Delacroix*, T. VII, p. 49 et 65.

1859. — *Mlle de Fontanges*, T. VII, p. 177.

1859. — *La Duchesse de Berry*, T. VII, p. 201.

1859. — *Le Labyrinthe*, T. VII, p. 225.

1859. — *Discours à deux distributions de prix*, T. VIII, p. 8 et 19.

1859. — *Louis XIV.* — Le Soleil levant à Versailles, T. VIII, p. 27.

1859. — *Madame de Tencin*, T. VIII, p. 73.

1859. — *A propos d'une oraison funèbre*, T. VIII, p. 139.

1859. — *Les Portraits de Mlle de La Vallière*, T. V, p. 145.

1860. — *Juliette et Roméo.* (Mme Récamier et L. Bonaparte), T. IX, p. 3.

15 Février 1860. — *Sculpteurs du XVIIIe Siècle.* — Falconnet, T. IX, p. 3.

1er Mars 1860. — *Les Deux Filles de Dieu*.

1er Novembre 1860. — *Le Salon des Fleurs aux Tuileries*.

15 Décembre 1860. — *Tableaux rustiques*, poëmes.

1861. — *Académie politique*. — Lacordaire, Guizot, Murget.

1861. — *Salon de l'année*.

1861. — *Discours prononcé à l'inauguration de la Statue de Thénard*.

15 Octobre 1861. - *Du sentiment des Beaux-Arts chez Voltaire*.

15 Novembre 1861. — *Madame Danton*.

15 Janvier 1862. — *Le dernier Volume des Œuvres de Voltaire*.

1er Février 1862. — *Clésinger*.

1er Mars 1862. — *Le Couronnement de Voltaire à la Comédie Française*.

15 Mars 1862. — *Romans parisiens*. — Louise.

15 Avril 1862. — *La Comédie en cinq heures* (extrait de l'Histoire en Pantoufles).

15 Août 1862. — *Académie française*, séance solennelle.

1er Septembre 1862. — *L'échelle de Soie*, poésie.

1er Octobre 1862. — *A propos d'un portrait de Chardin*.

15 Novembre 1862. — *Un Roman de Jean-Jacques*.

1er Février 1863 — *Sainte-Beuve*, poète. _

1er Avril 1863. — *Mademoiselle de Maupin*.

15 Avril 1863. — *Mme Suard chez Voltaire*.

15 Mai 1863. — *Les sept femmes de Barbe-Bleue.*

15 Juillet 1863. — *Salon de l'année.*

1ᵉʳ Septembre 1863. — *Eugène Delacroix.*

15 Septembre et 1ᵉʳ Octobre 1863. — *L'Abbé Carron.*

1ᵉʳ Décembre 1863. — *Les Poètes inconnus.* — O. Mabile.

1ᵉʳ Mars 1864. — *La porte qui s'ouvre à tout le monde* (poésie).

1ᵉʳ Juillet 1864. — *Une Statue à Greuze.*

1ᵉʳ Août 1864. — *L'Art en province.*

15 Août 1864. — *A la Princesse Mathilde* (sonnet).

1ᵉʳ Septembre 1864. — *Les Fêtes de Versailles sous Louis XIV et Napoléon III.*

15 Décembre 1864. — *Une Visite à Diderot.*

15 Janvier 1865. — *Les Poètes s'en vont, A. Lebailly.*

1ᵉʳ et 15 Février 1865. — *Les Confessions de Mᵐᵉ Vigée Lebrun.*

1ᵉʳ Mars 1865. — *Variations sur un vieux Thème.*

15 Mars et 1ᵉʳ Avril 1865. — *L'Histoire de Jules César.*

15 Avril, 1ᵉʳ et 15 Mai, 1ᵉʳ Juin 1865. — *Les Historiens de L. de Vinci* (réimprimé incomplètement).

1ᵉʳ Janvier 1866. — *Un Réveillon.*

Octobre 1866. — *A une Mère qui pleure* (sonnet).

Novembre 1867. — *Dialogues des Mortes sur les Vivantes.*

Avril 1868. — *Figures épiques.* — Charles XII.

BIBLIOGRAPHIE.

Octobre 1868. — Discours sur Greuze.

Octobre 1868. — L'idéal de Greuze (sonnet).

1er Février 1869. — De l'immortalité de l'Ame.

Décembre 1869. — De l'Esprit.

Décembre 1870. — Un Drame en cinq minutes, joué par Mlle Pierson. (Soirée de charité pendant le siège).

Novembre 1872. — Don Juan retiré du monde. (Comédie en 3 actes).

Mars 1873. — Pierre le Grand à Paris.

1873. — La Vénus de Médicis.

1873. — Charles de Coucy-Couça.

1874. — Méditation sur l'Ame.

1874. — Les Van Ostade.

Le Figaro.

1857-58. — Lettre à Millaud, n° 297, 4e année.

1858-59. — Lettre à Villemessant, n° 427, 5e année.

15 Mars 1860. — A M. Deschanel (vers).

1er Avril 1873. — Lettre sur l'histoire d'une fille perdue.

23 Mai 1878. — Impromptu en vers.

19 Septembre 1879. — Lettre sur le poste du Baron Taylor.

28 Août au 24 Novembre 1882. — Souvenirs d'Alfred de Musset. — Voici les titres de ces articles : 1° Un roman inédit d'A. de Musset ; 2° Aventures

de jour et de nuit ; 3° Les quatre Majestés aux Tuileries ; 4° A. de Musset amoureux et garde national ; 5e Les trois femmes ; 6° Au hasard de la vie. Les derniers jours d'Alfred de Musset.

Supplément du 17 Mars 1883. — Quelques opinions avancées sur la Parisienne.

20 Août 1883. — Les dernières heures de Balzac.

Supplément du 8 Décembre 1883. — Madame Praxitéle.

1883. — Préface du *Figaro illustré.*

14 Août 1884. — La Statue de Béranger.

6 Décembre 1884. — *Le Figaro illustré.*

15 Décembre 1884. — Souvenirs du Général Fleury.

26 Février 1885. — Victor Hugo.

19 Août 1885. — Lettre sur son fils.

4 Juin 1887. — Albéric Second.

Le Constitutionnel.

2 Juin 1845. — Lettre à propos du Chevalier de Laclos.

18 Octobre 1847. — Sur un tableau de Rubens à Bruyères.

26 Mars 1848. — La lune de miel en 1848 (nouvelle).

29-30 Novembre 1848. — Mme de Maintenon, par le duc de Noailles.

7 Février 1849. — Raphaël, par Lamartine.

26 Avril 1849. — Confidences par Lamartine. — E. Lafont ; G. de Nerval.

24 Septembre 1850. — Répertoire du Théâtre-Français. — La Comédie et l'Académie.

20 Octobre 1850. — Répertoire du Théâtre-Français. — De la Tragédie.

11 Novembre 1850. — Conservatoire. — Distribution des prix.

La Presse.

4 Août 1840. — Hégésippe Moreau.

20 Décembre 1841. — Henriette Aubert (nouvelle).

1er Janvier 1861. — La Littérature du XIXe Siècle.

Toute l'année 1861. — L'Histoire en pantoufles (signée : Pierre de l'Estoile).

1er Février 1861. — Henri Murger.

31 Mars 1861. — Le Charles XII de Voltaire et celui de l'Histoire.

8 Août 1861. — Un feuilleton de Jean-Jacques.

31 Août 1861. — Académie française.

3 Septembre 1861. — Les Georgiques françaises. Ch. C. de Lafayette.

Toute l'année 1862. — L'Histoire en pantoufles.

13 Septembre 1862. — Les Odes d'Horace, traduction d'A. Barthet.

22 Septembre 1862. — Pages inédites de Gérard de Nerval.

10 Février 1863. — Mme de Maintenon, par H. Bonhomme

1-29 Mars 1863. — Académie française. — Réceptions.

31 Mars, 12, 26 Mai 1863. — Titien et Géorgione.

26 Juin 1863. — Hégésippe Moreau, par Armand Lebailly.

10, 24 Septembre 1863. — Les Poètes inconnus. — V. Mabille.

28 Mai 1864. — Sur Théodore de Banville.

3 Juin 1864. — Sur des vers de Roger de Beauvoir.

12 Juin 1864. — Une Statue à Greuze.

7 Septembre 1864. — Études sur l'École française. — Sébastien Bourdon.

4 Décembre 1864. — Les Morts vont vite. — Armand Lebailly.

29 Janvier 1865. — Holbein.

23 Mars 1865. — La Poésie rustique et la Poésie des champs.

26 Avril 1865. — Geffroy-Nadar.

12 Mai 1865. — Pierre le Grand à Paris.

15 Juin 1865. — Le Chevalier Rosa Bonheur.

31 Août 1865. — Mme d'Houdetot.

7, 15, 24 Septembre ; 10 Octobre 1865. — Pages de Gérard de Nerval.

12 Octobre 1865. — Frédéric de Mercey.

17, 18, 19 Janvier 1866. — Les Révolutionnaires avant la Révolution.

10 Mars 1866. — MM. Guizot et Prévost Paradol.

La Gazette de Paris.

4 Octobre 1871. — Le Chien perdu et la Femme fusillée.

31 Décembre 1872. — Dom Pedro, Empereur du Brésil.

1ᵉʳ Janvier 1873. — Sonnet, c'est un Sonnet ! (poëme).

6 Janvier 1873. — Victor Hugo.

9 Février 1873. — Une Étoile qui se lève. — Mˡˡᵉ Prilly à l'Opéra-Comique.

12 Février 1873. — Les Enfants s'amusent.

2 Mars 1873. — Lesage et Turcaret.

17 Mars 1873. — Simple Causerie, Profession de foi d'un Français.

5 Avril 1873. — Le Jeu et les Impôts.

10, 20 Avril. — Mes Amis : les Merles, le Cochon.

2 Mai 1873. — Les Décrets futurs : L'Adultère et le Divorce.

7 Mai 1873 — La Question de la Femme dans la vie publique.

9 Mai 1873. — La Semaine des quatre Jeudis, par Albéric Second.

21 Mai 1873. — Mademoiselle Camille.

26 Mai 1873. — Alphonse Karr (Sonnet)

28 Mai 1873. — L'Anniversaire.

29-31 Mai 1873. — La Rue de la Vieille Lanterne.

31 Mai 1873. — Paysages de printemps.

1ᵉʳ Juin 1873. — L'Heure et le Moment.

4 Juin 1873. — Le Congrès des Fantômes.

5 Juin 1873. — Les Poignards d'or.

9-10 Juin 1873. — Le Drame dans l'Atelier.

21 Juin 1873. — Un Mari qui soufflette sa Femme.

23 Juin 1873. — Ronsard (Sonnet).

25 Août et 1er octobre 1873. — Théophile Gautier.

Le Gaulois.

2 au 8 Juin 1873. — La Censure. — Histoire d'un coup d'État à la Comédie-Française.

5, 13, 19 Juillet 1873. — Lettres persanes, signées de pseudonymes persans.

26 Juillet 1873. — L'Église et l'État.

2 Août 1873. -- La Fausse Monnaie du Génie.

9 Août 1873. — Le Voyage à Frohsdorf.

23 Août 1873. — Le Chemin de Nouméa.

30 Août 1873. — L'Académie et les Prix de vertu.

6 Septembre 1873. — Que les Révolutions ne sont faites ni pour ni par le peuple.

13 Septembre 1873. — L'Argent des autres.

20 Septembre 1873. — La République des Titis.

27 Septembre 1873. — Le Pain.

5 Octobre 1873. — Le Royaume des incertitudes.

12 Octobre 1873. — Monsieur le Curé.

25 Octobre 1873. — Le Tombeau de Théophile Gautier.

3 Novembre 1873. — Les Faillites du siècle.

8 Novembre 1873. — A propos de la distribution des récompenses.

24 Novembre 1873. — Les Hommes à principes.

16 Décembre 1873. — Le Constitutionnalisme.

23 Décembre 1873. — Prosper Mérimée. — Lettres à une inconnue.

1er Janvier 1874 — L'Empire travesti.

26 Janvier 1874. — Paris qui s'amuse.

17 Février 1874. — Les Morts vont vite. — Armand Barthet.

26 Mars 1874. — La Littérature à la vapeur.

16 Mai 1874. — La Fosse commune.

22 Juin 1874. — Jules Janin.

20 Décembre 1874. — Discours sur la Tombe de Ch. Coligny.

3 Mars 1875. — Préface des Drames Parisiens, par J. Lefèvre (Tarbé).

26 Juillet 1875. — Lettre à A. Racot.

29 Octobre 1876. — Jovial, histoire de saltimbanques.

9 Avril 1877. — Lettre sur l'Académie.

23 Octobre 1878. — Lettre à Domino.

27 Novembre 1879. — Les Petits Louvres.

14 au 29 Août 1880. — Les Quarante.

25 Janvier 1884. — Madame de Païva.

28 Janvier 1884. — Napoléon III chez la marquise de Païva.

9 Février 1884. — Une Princesse oubliée.

15 Février 1884. — Les Femmes savantes.

22 Février 1884. — La Semaine d'un Paresseux.

7 Mars 1884. — Les Larmes de Célimène.

14 Mars 1884. — Les Larmes de Mme Dorval.

21 Mars 1884. — La Mi-Carême

29 Mars 1884. — Les Vaincus de la vie.

1er Avril 1884. — Arsène Houssaye.

5 Avril 1884. — Le Comte d'Orsay.

19 Avril 1884. — Vergissmeinnicht.

25 Avril 1884. — Marie Taglioni.

4 Mai 1884. — Le 2 Mai.

6 Mai 1884. — Discours au banquet des Gens de Lettres.

26 Février 1885. — Sonnet.

28 Octobre 1886. — Apollon.

31 Décembre 1886. — Deux Croix.

6 Janvier 1887. — Les Mémoires de Liszt.

17 Février 1888. — Discours au dîner des Spartiates.

29 Décembre 1889. — Henri de Montaut.

13 Octobre 1890 — Lamartine.

31 Janvier 1891. — Charlotte Corday au Théâtre-Français.

26 Juillet 1891. — Madame Tallien.

5 Octobre 1892. — Baudelaire.

31 Mai 1893. — Henri Murger aura-t-il sa statue ?

12 Juillet 1893. — Le Monument de Molière à Pézénas.

3 Octobre 1893. — Nos grands hôtes d'autrefois.

6 Octobre 1893. — Ma Vocation — Comment elle est née.

17 Octobre 1893. — Le Général Turr et Alexandre Dumas.

12 Novembre 1893. — Gounod au Théâtre-Français.

24 Décembre 1893. — Paris s'en va.

10 Janvier 1894. — Les anciennes Revues de Paris.

11 Mars 1894. — A propos du Quarante-et-unième Fauteuil.

16 Mai 1894. — Paradoxes sur le Mariage.

23 Août 1894. — Souvenirs de Dieppe.

2 Septembre 1894. — Simple Causerie sur Mme de Païva.

7 Décembre 1894 — Mon fils Henry Houssaye.

31 Mars 1895. — Portrait d'une Mère (charmant article où le cœur si bon et si affectueux d'Arsène Houssaye lui a dicté des lignes délicieuses sur sa Mère).

L'Événement.

8 Janvier 1877. — Le Réel et l'Idéal (sonnet).

12 Février 1877. — Lettre à Ch. Monselet.

11 Mars 1877. — Lettre sur Alphonse Esquiros.

9 Avril 1877. — La Légende des Siècles par Victor Hugo.

6 Mai, 21 Juin 1877. — Salon de 1877.

17 Mars 1878. — Sonnet.

7 Juin 1878. — Les Beaux-Arts à l'Exposition universelle.

6 Août 1878. — Condamné à vivre.

19 Septembre 1878. — Lettre sur Rachilde.

3 Octobre 1878. — A Ch. Monselet (poésie).

6 Décembre 1878. — Préface de la sixième édition des Larmes de Jeanne.

15 Août 1879. — Lettre sur l'incendie de Chate-nois.

7 Décembre 1879. — Au Roi d'Espagne (sonnet).

6 Mai 1880. — A Victor Hugo (sonnet).

6 Octobre 1883. — Le Mari amoureux (nouvelle)

6 Novembre 1883. — Tragique enlèvement (nouvelle).

12 Janvier 1884. — A propos d'une Comédie de Diderot.

9 Octobre 1884. — Lettre à Georges Duval.

20 Octobre 1884. — Discours sur la Tombe du bibliophile Jacob.

26 Décembre 1884. — La Vie Parisienne.

17 Janvier 1885. — Molière (poésie).

2 Juin 1885. — L'Ame de Victor Hugo.

22 Juillet 1885. — Lettre sur les Chansons de Béranger.

27 Octobre 1885. — La Mort d'une Folle (Mme O'Connell).

6 Juin 1887. — Profil perdu. — Albéric Second.

8 Janvier 1889. — Rodolphe et Cynthia (chapitre inédit).

13 Janvier 1889. — Les Buveuses d'éther.

16 Juillet 1890. — Un autre Edgard Poë.

18 Octobre 1890. — Alphonse Karr. — Cinq Lettres inédites.

19 Mars 1891. — Le Prince Napoléon.

27 Avril 1894. — Daphnis et Chloé.

Le Journal.

4 Novembre 1892. — Henri Heine, intime.

10 Juin 1893. — Les Oubliées (Mme de Girardin).

13 Septembre 1893. — La Dame Blanche.

19 Octobre 1893. — Catherine II.

15 Novembre 1893. — A propos des Belles inconnues.

2 Janvier 1894. — L'Année féminine.

27 Mars 1894. — Un Lys sur du fumier.

9 Juillet 1894. — La Lisette de Béranger.

27 Août 1894. — Charles Monselet.

13 Octobre 1894. — Il était une fois......

2 Novembre 1894. — Victor Duruy.

28 Février 1895. — Souvenirs de Jeunesse.

28 Février 1895 : — 7 Mars. — 15 Mars. — 22 Mars. — 29 Mars. — 13 Avril. — 20 Avril. — 4 Mai. — 12 Mai. — 1er Juin. — 8 Juin. — 15 Juin. — 22 Juin. — 29 Juin. — 6 Juillet. — 13 Juillet. — 20 Juillet — 27 Juillet. — 3 Août. — 10 Août. — 17 Août. — 24 Août. — 31 Août. — 7 Septembre. — 14 Septembre. — 28 Septembre. — 5 Octobre. — 23 Novembre. — 5 Décembre. — 1896 : 4 Janvier. — 18 Janvier.

Le Soir (Belge).

12 Décembre 1894. — L'Idéal dans l'Art.
16 Décembre 1894. — M. de Lesseps.
20 Décembre 1894. — Un Roi de mes amis.
10 Janvier 1895. — Les Causeries de Jean Gigoux.
7 Avril 1895. — Mystérieux dénouement.
28 Août 1895. — Une Vision sur l'Océan.
12 Décembre 1894. — De la Vérité dans le Roman.
22 Janvier 1896. — Le Démon du Théâtre.

Le Charivari.

Lettres (sur son débat avec Alfred Michiels).

Le Salon illustré.

1879. — La Sculpture (poésie).
La chaste Suzanne (poésie).
Diane chasseresse (poésie).

Le Feuilletoniste.

1844. — Henriette Aubert (nouvelle) 3e année p. 342.

Le Monde illustré.

1879. — Salon de 1859, T. IV et V.

La Chronique parisienne.

17 Octobre 1858. — Le Dîner d'or et le Dîner d'étain.

7 Novembre 1858. — Une Sévigné en cornette.

Le Quart d'heure.

N° 5. 20 Avril 1858. — Lettre au Directeur.

La Sylphide.

4ᵉ Année, T. VII, 1843. — La Bourrasque (nouvelle).

Revue Contemporaine.

15 Mars 1860. — Largillière et Rigaut
15 Mai 1860. — La Pudeur. -- Statue de Jouffroy.
15 Août 1860. — Discours aux Lauréats de l'école de dessin.
1ᵉʳ Septembre 1860. -- Mˡˡᵉ D'Angeville.

La Critique Française.

N° du 15 Juin 1862. — Études sur Louis XIV. — Le Père Le Tellier.

L'Universel (Semaine).

Nᵒˢ 51 à 70 1863. — Blanche et Marguerite (La Belle au bois dormant).

Revue Française.

Mai 1865. — La Mort de Mignon (poésie).

Revue du XIXᵉ Siècle.

Juin 1866. — La Cigale et la Fourmi.
Octobre 1866. -- La Vertu de Mᵐᵉ de Maintenon.

Décembre 1866. — Le Roi Voltaire découronné par L. Veuillot.

Le Diable.

N° 3. 1870. — Histoire d'une Fille perdue (nouvelle).

L'Offrande (1 volume par divers).

N° 3. 1870. — L'Amour dans la Mort.

La Chronique Musicale.

15 Octobre 1873. — Les Italiens (sonnet).

Almanach du Sonnet (1 vol. par divers).

1874. — Les Dieux d'Homère (sonnet).
   — La Robe d'Innocence (sonnet).
1875. — Billet de Mort (sonnet).
   — La Soif du Cœur (sonnet), 4e année.

Musée des Deux Mondes.

15 Août 1874. — Mignon retournant au pays (sonnet).
1er Janvier 1875. — La Comédie (sonnet).
15 Mai 1876. — La Hollande (sonnet).

Le Diable boiteux parisien.

N° 1. 1879. — L'Esprit de l'Amour (sonnet).
21 Décembre 1879. — Le Tombeau (sonnet).

L'Étoile française.

29 Janvier 1881. — Les dix ans d'Isabelle (sonnet).

Le Beaumarchais.

27 Février 1881. — Quand Victor Hugo aura cent ans.

Le Papillon.

N° 1. 24 Avril 1881. — Jacqueline.
1er Mai 1881. — Un Disparu. — Stendhal.

Moniteur.

16 Juillet 1882. — Paul de St-Victor (Discours non prononcé).

Le Livre.

10 Octobre 1882. — Histoire de ma Plume.
10 Février 1883. — Gérard de Nerval.

La Ville de Paris.

4, 5 Mai 1883. — A Alfred de Musset (sonnet).

La Revue Lyonnaise.

15 Avril 1884. — Le Jeu des Reines (poésie).

Le Rappel.

12 Août 1884. — Discours à l'Inauguration de la Statue de G. Sand.

Le XIXe Siècle.

19 Avril 1885. — Sonnet.

Le Gil Blas.

5 Décembre 1885. — Tout Paris (sonnet).

Revue de Paris et de St-Pétersbourg.

15 Octobre 1887. — Préface. — Sur Th. Gautier.
15 Décembre 1887. — Jean des Roses.
15 Février 1888. — Rédemption.
15 Mars 1888. — Les Larmes de Ste-Beuve, etc., etc.

FIN.

ACHEVÉ D'IMPRIMER

Le 1er Février 1897

par

· A. CORTILLIOT

Imprimeur à Laon.

www.ingramcontent.com/pod-product-compliance
Ingram Content Group UK Ltd.
Pitfield, Milton Keynes, MK11 3LW, UK
UKHW021643170726
13836UKWH00005B/2358